여성 바둑 강좌③

알기 쉬운 정석의 응용법

大竹英雄 지음
프로바둑연구회 편

太乙出版社

머 리 말

　이 책에서는 초보자를 위한 정석의 운용에 관하여 설명했다. 특히 실전에서 불가피하게 활용되어지는 소목과 외목의 정석에 대하여 대부분의 지면을 할애하였다. 그리고 말미에는 역시 연습문제와 그 해답을 게재함으로서 독자 여러분의 바둑 실력 향상에 기여하고자 노력하였다.

　이 책의 지표가 「여성 바둑 강좌」이다. 물론 여성 바둑 애호가를 염두에 두고 기획되어진 책이긴 하나 그렇다고 꼭 이 책이 여성 독자들에게만 국한된다고는 볼 수 없을 것이다. 바둑은 어디까지나 남여 공용의 오락이요 성(性)을 초월한 인류의 영원한 지적 스포츠의 하나이기 때문이다.

　바둑은 단순한 오락이 아니다. 바둑 속에는 인간의 오묘한 삶의 비밀이 담겨 있으며 인생의 쫓고 쫓기는 희비가 들어 있다. 그래서 바둑을 두고 있으면 자신이 마치 인생의 도면 위에서 짜여진 각본에 따라 연극을 하고 있다는 착각을 갖게 되기도 한다. 자신은 인생의 주인공으로서의 역할을 충실히 수행하고 있는가, 자신의 인생이 올바로 전개되고 있는가, 또는 상대방과의 인생의 경주에서 자신이 얼마나 앞서가고 있는가를 체크해 가면서 자기 자신의 모든 것에 대하여 다시 한 번

평가를 해볼 수 있는 시간을 가질 수 있는 것도 바로 바둑을 두면서 얻을 수 있는 프리미엄이라고 생각한다.

아뭏든 이 책으로 말미암아 독자 여러분들이 보다 더 바둑과 가까와질 수 있기를 빈다.

저 자 씀.

차 례

제 1 장

소목의 정석

●소목에 관해서

소목은 한쪽은 제 3 선째, 그리고 다른쪽은 제 4 선째의 교점에 해당한다. 바꾸어 말하자면 제 3 선과 제 4 선의 귀의 요소라는 뜻이다.

우리 나라에 바둑이 전해져(중국에서 발생, 우리 나라에 도래) 기보가 보존되게 된 무렵부터 이미 소목이 압도적으로 많이 사용되었다. 그리고 시대가 변한 현재에도 역시 소목이 가장 많은 것이다.

소목은 화점과 비교할 것도 없이 분명히 집의 확보에 적합하다. 게다가 상대가 걸어와도 근거가 단단하기 때문에 안전성이 있다. 소목의 인기가 있는 것은 그 때문이다. 특히 집에 박한 기풍의 사람에게 소목은 적합하다.

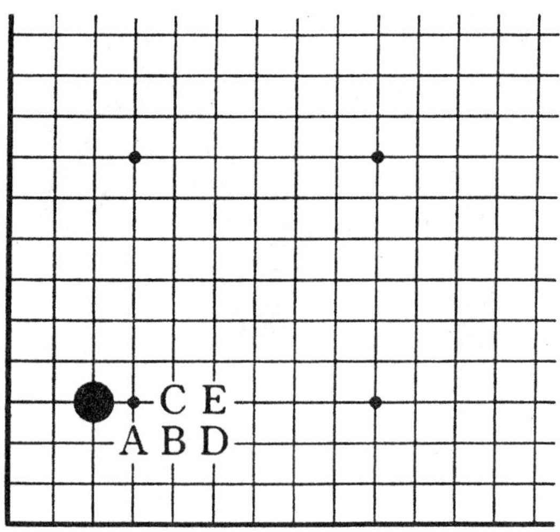

그림의 흑돌은 소목인데, 화점이나 3·3과는 달리 A도 소목이고, 한쪽 귀에 두 곳이 있는 것이다.

이 소목은 안전성도 있지만, 역시 단점은 있다.

그것은 우선 귀를 집으로 하려면 두 수가 든다는 점이다. 소위 굳힘이라고 불리우는 것이 그것이다. 굳힘이 생기면 겨우 두 수로 상당한 집이 확보된다. 그러나 상대도 굳혀지지 않기 위하여 일찍 걸쳐 온다. 이 싸움에서 생기는 것이 소위 정석이라는 것이다.

고래 많이 사용되어 온 탓도 있고 소목 자체의 성격도 있어 정석의 변화수는 가장 많다. 그러니만큼 심오하고도 재미있다고 할 수 있다.

그러면 굳힘 방법으로써 어떤 것이 있냐 하면——

(1) 날일자 굳힘(흑B)

(2) 한 칸 굳힘(흑C)

(3) 눈목자 굳힘(흑D)

의 세 가지가 보통이다.

또 걸침 방법으로써는——

(1) 날일자 걸침(백B)

(2) 한 칸 높이 걸침(백C)

(3) 눈목자 걸침(백D)

(4) 두 칸 높이 걸침(백E)

의 네 가지가 있다.

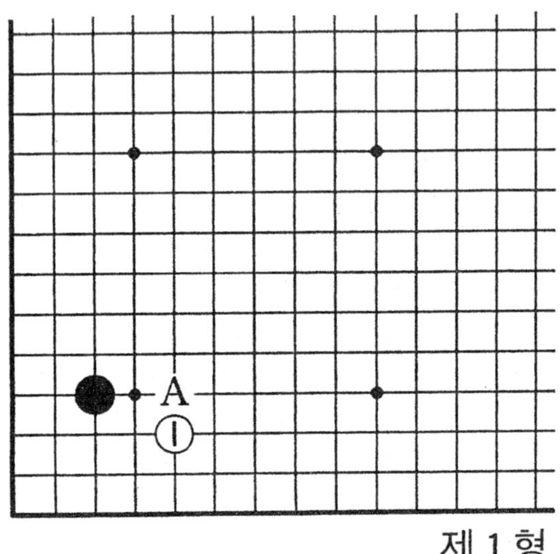

제 1 형

1. 날일자 걸침 ——마늘모

○제 1 형

소목의 흑돌에 백1의 날일자로 걸치는 것은 백A의 높이 걸치기와 함께 가장 보편적인 착상이다.

단 백1은 백A 보다도 낮은 만큼 실리를 중시한 놓기다.

1도(수책의 마늘모)

백의 날일자 걸침에 대해 1로 착실히 놓아 백의 움직임을 보는 놓기가 있다. 桑原秀策이 발안한 마늘모로, '금후 바둑의 규칙이 바뀌지 않는 한 이 마늘모는 악수가 되지 않을 것이다'라고 말했다고 전해지며, 세상 사람들은 '수책의 마늘모'라고 부르고 있다.

흑1은 위치를 갖는(참고도 참조) 견실한 수법이다.

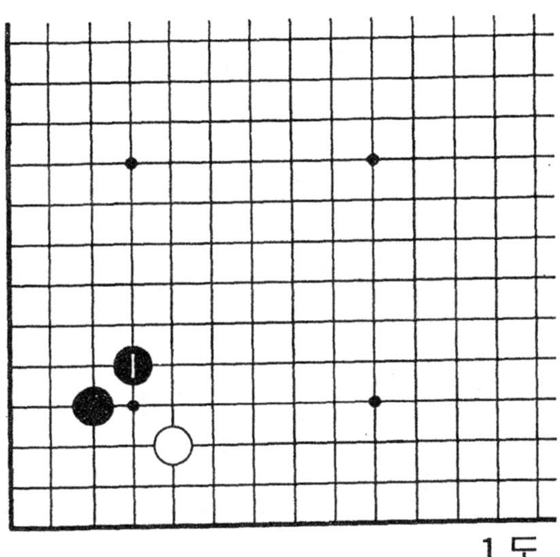

1도

◇ 방치하면

1도 흑1 이 위치를유
지한다는 의미는,이것을
방치해 두면──

참고도(백부터 걸침의
포함)

백1로 걸쳐가는 수가
있다. 흑A로 받아가는
정석도 나쁘지는 않지만

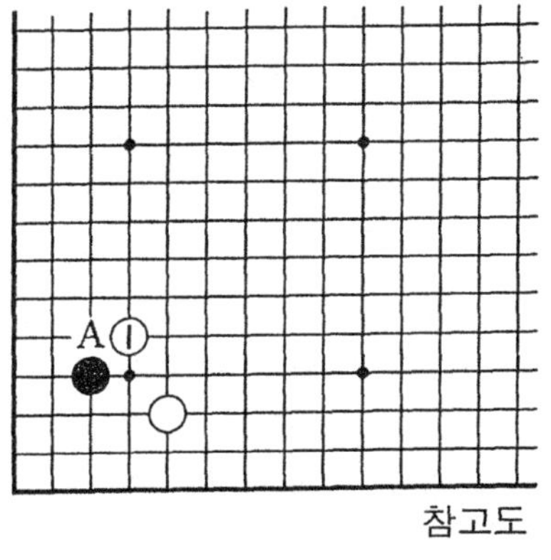

참고도

상황에 따라서는 백의 세력이 작용해 오는 경우도 있다.
그런 경우에 백1의 걸침을 부정하는 것이 수책의 마늘모
이다.

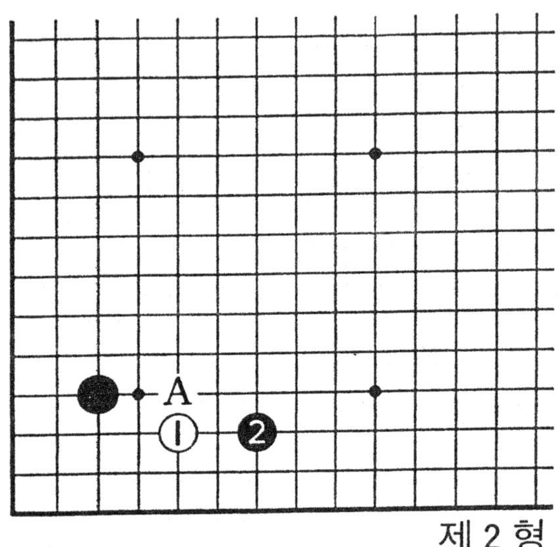

제 2 형

2. 한 칸 끼우기

○제 2 형

강력하다는 점에서는 이 흑2의 한 칸 끼우기가 최강이다.

이 흑2가 갖는 의미는 백이 손을 빼면 흑A로 붙여 봉쇄하겠다는 것이다.

백도 봉쇄당하면 큰일이므로——

1도(한 칸 뛰기)

백3으로 한 칸에 뛰어낸다. 백3 외에 백A 걸치기, 또는 백B의 붙이기도 있다.

흑도 4의 날일자로 쫓는다. 이 4에서는 흑C로 두 칸에 벌리는 것도 있을 것이다.

흑4로 쫓으면 백도 5로 흑이 전진하고 싶어하는 방향에서 메꾸는 것이다. 이것이 백의 바른 태도. 이어서 차도——

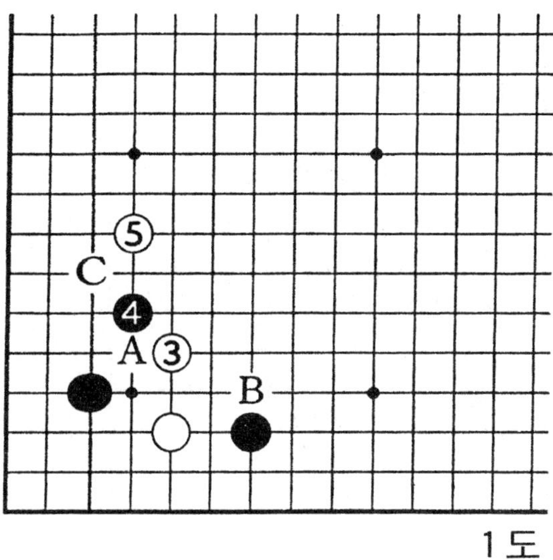

1 도

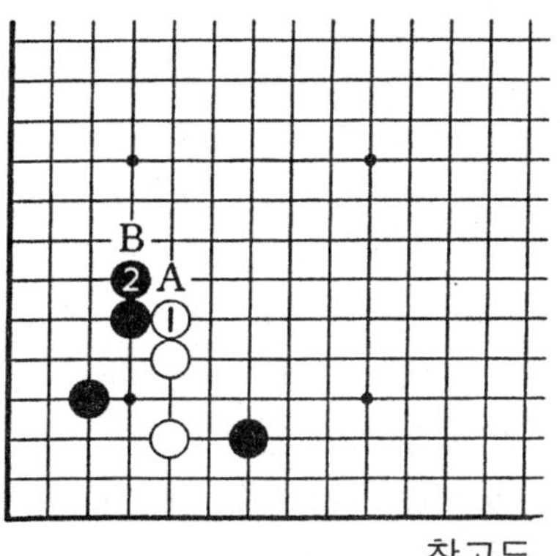

참고도

◇ 4 선 뻗기는 승리

1 도 백 5 에서 ——

참고도 (혹은 고맙다)
태연하게 백 1 로 누르
는 사람이 있다. 이것은
혹에 2 로 제 4 선을 뻗
게 하여 좋지 않다. '4
선은 승선' 이라고 하여,
상대에게 4 선을 뻗게 하
는 방법은 대부분의 경우 좋지 않은 것이다. 하물며 백 A,
혹 B 로 가는 것은 논외 (論外) 이다.

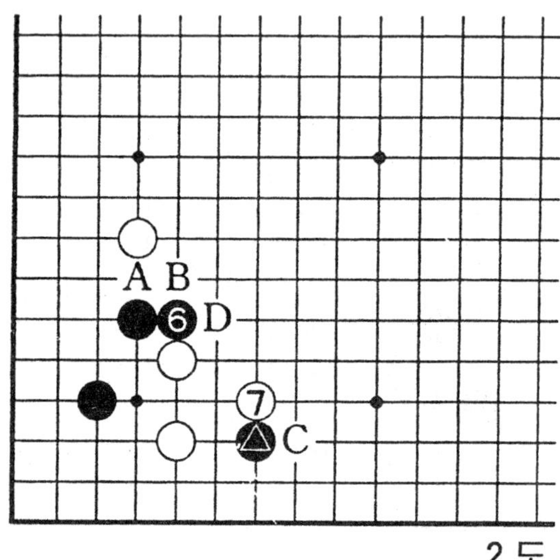

2 도

2 도 (쌍방의 충돌)

혹은 6 으로 내는 한 수이다. 이번에 백 6 으로 눌러넣으면 혹A에도 백B로 봉쇄되어 버린다.

여기에서 백은 7 로 아래쪽의 혹에 의지하여 중앙으로 진출을 꾀한다. 만일 혹C로 뻗으면 백D로 젖혀진다는 의미이다. 혹으로써는 그래도 싸울 수는 있지만(제 62 형 참조) 여기에서 간명한 방법을 표시해 두겠다.

즉 이 ▲을 가볍게 보아,

3 도 (한 점은 가볍게 본다)

혹8 로 귀에서 마늘모 붙여 정해버리는 것이다.

당연 백9 로 이어 대어간다.

4 도 (일단락)

혹은 더욱 10 으로 내뻗고 백11 로 교환하여 다른 호점,

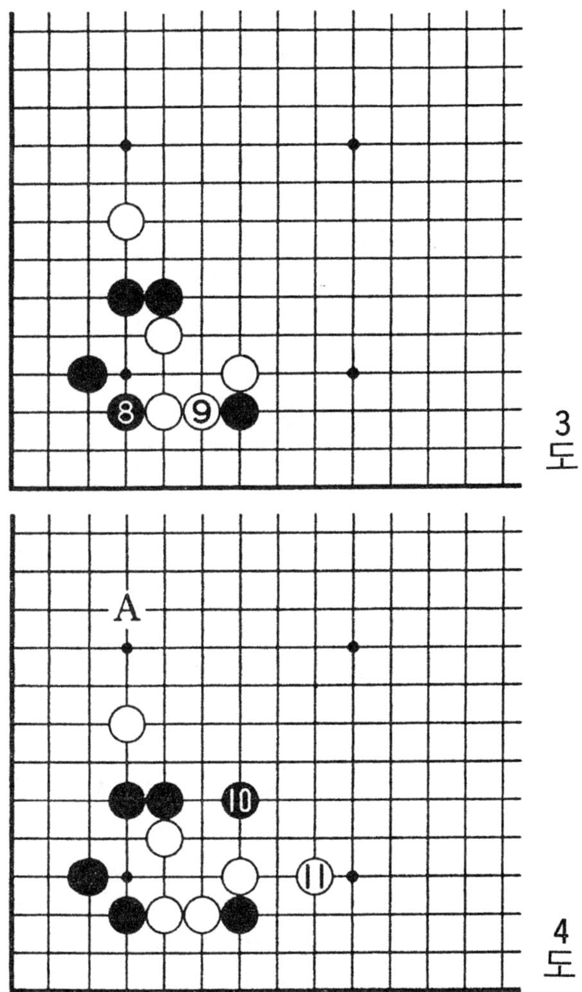

예를 들면 A 주위의 끼우기 등으로 수를 돌리는 것이다.
이것으로 웬만한 갈림이 되었다고 볼 수 있다.

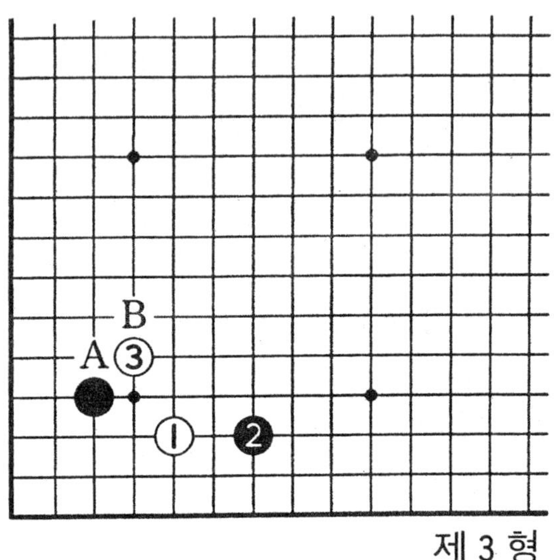

제 3 형

○제 3 형

백 3으로 날일자에 걸쳐가는 정석.

여기에서 흑A로 받는 것으로는 백B로 벽을 만들게 한다. 이렇게 되면 백의 두꺼운 벽에 흑2의 돌이 너무 가까이 있게 된다. 그러므로 흑A로 받는 소극책을 흑으로써는 취해서는 안된다.

1 도 (반발)

흑4·6으로 반발해 간다. 초급자는 이렇게 된 때에 백A로 내뻗어져 싸움이 되는 것을 두려워한다.

그러나 흑도 B로 뻗어 싸우는 것이다. 예를 들면 그 다음 백C에는 흑D, 백E, 그리고 흑F로 붙이는 것과 같은 요령으로 놓으면 백이 곤란하다.

백도 무너지면 큰일이므로,

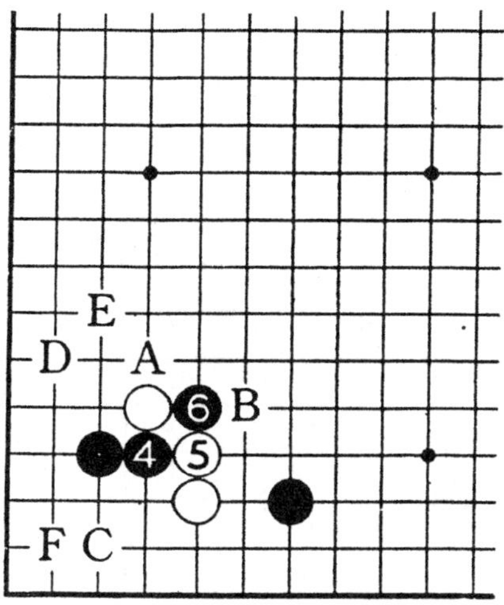

1 도

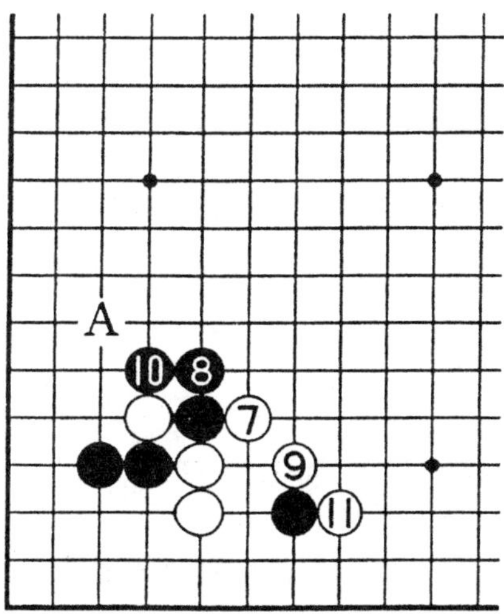

2 도

2 도(일단락 — 호각)

7로 단수하여 9로 걸쳐 잇는다. 흑도 10으로 백의 한 점의 움직임을 막고 있는 정도이다.

거기서 백도 11로 안아 일단락이 된다.

흑 10에서 A로 취하는 수가 있을 듯이 보이지만, 이것은 작용한 것만큼 얇고, 백에 여러 가지 살 맛을 보이게 된다.

이것 역시 흑10으로 단단히 안는 것이 정착이다.

백 11까지의 결과는 각각 한 점씩을 제지하고 있으므로, 적당한 가르기라할 수 있을 것이다,

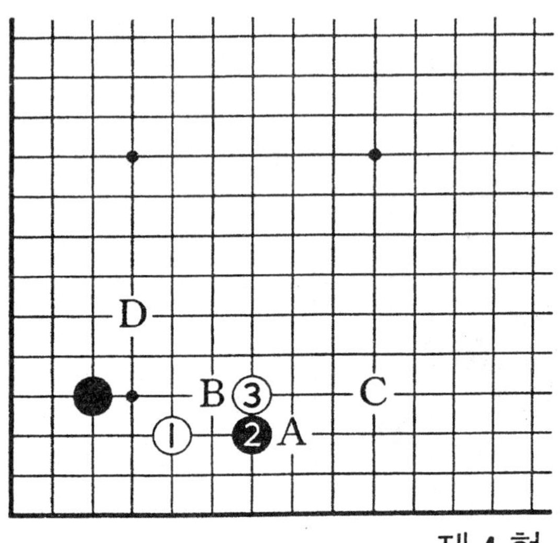

제 4 형

○제 4 형

흑2의 한 칸 끼우기에 백3으로 머리에 붙여가는 변화
도 있다.

이것에 대해 흑A로 늦추면 백에 B로 당겨져, 백에서 C
로 걸친 수와 백D로 귀의 한 점을 압박하는 듯한 수를
보인다.

따라서 흑으로써는 늦추어서는 안된다.

1도(흑의 취향)

흑4로 젖힌다. 백은 여기에서는 5로 당겼지만, 백A로
뻗는(다음 형) 것도 있다.

백5에 이어서 흑B로 걸쳐 이으면 백C로 걸치게 되는
데, 흑6은 그것을 꺼린 것이다.

흑이 B의 잇기를 빼고 있으므로———

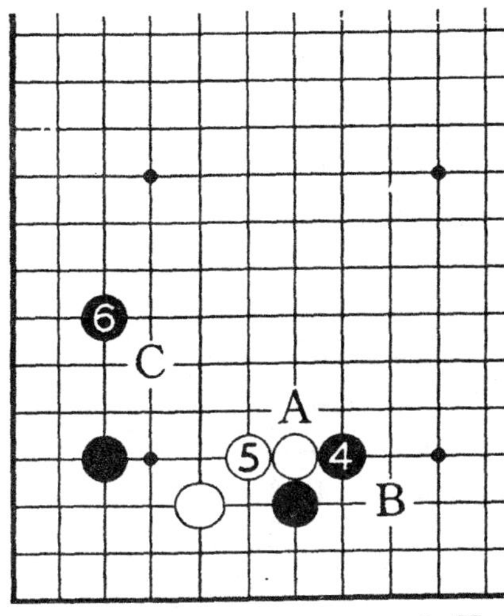

1도

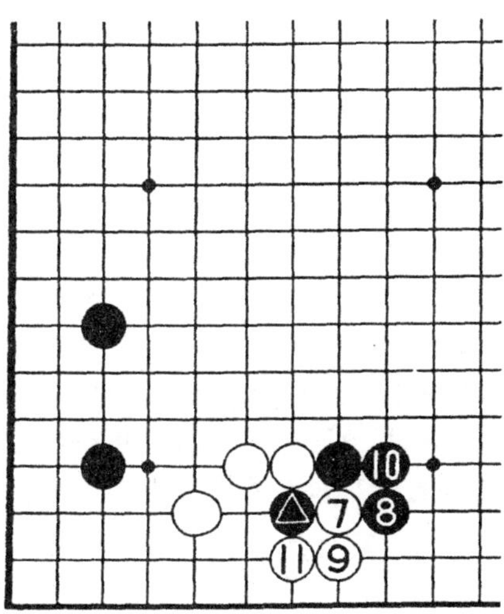

2도

2도(일단락 — 호각)

백7로 끊는 한 수이다.

흑도 ⬤의 한 점을 버린 돌로 하여, 8·10으로 선수를 정하는 것이 된다.

백도 안정되었지만, 흑은 좌변, 오른쪽(하변) 양쪽을 놓은 모습이 되는 것이다.

단 흑 8·10의 흑의 두꺼운 맛이 거의 작용하지 않는 상황이면, 이 흑은 재미 없는 것이 된다.

그런 국면에서는 제4형 흑2의 메우기에 다소 문제가 있다는 것이 된다.

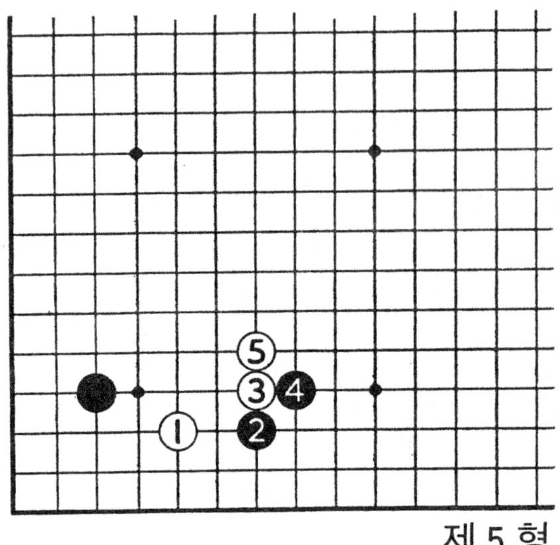

제 5 형

○제 5 형

백 5 로 위로 뻗는 형이다.

이 다음——

1 도 (백의 풀기)

흑 6 으로 뻗고 백 7 로 선다.

흑 8 을 곧 A 로 내고, 백 B 에 흑 C 로 끊어주면 백 D, 흑 9, 백 E 로 단수하여 귀의 흑 한 점을 취해가도 나쁘지 않다.

흑 8 이 온 이상 백 9 는 필요.

흑 10 에 이어서 백 F 부터 공격하는 것이 급소에 해당한다. 그 뒤의 놓기에 대해 다음 **참고도**를 참고하기 바란다.

흑 8 에서는 한길 왼쪽에 J 로 한 칸에 받고 있는 것도 있다.

귀에 관해서 흑의 입장에서는 K 의 뛰기가 근거라는 점에서 큰 수가 된다.

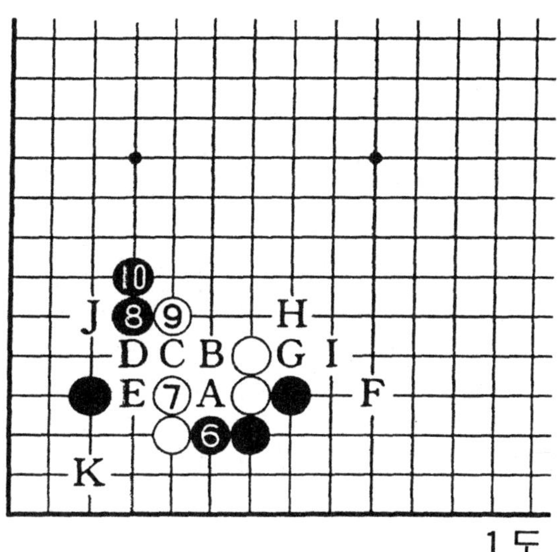

1도

◇백의 귀 결정 방법

1도 흑10의 뒤 백F, 흑G, 백H, 흑I로 교환한 것으로, 거기에──

참고도(살기의 보증) 귀를 정하기에는 백1·3의 붙여끊기가 있다. 흑이 **4** 이하 **10**까지로 응하면 백은 달리 돌게 된다(이 백은 A에서 거의 산형). 또 흑**4**에서 B이면 백 **5**, 흑C, 백**7**, 흑**1** 잇기, 백**9**, 흑D가 된다.

(8 이음

참고도

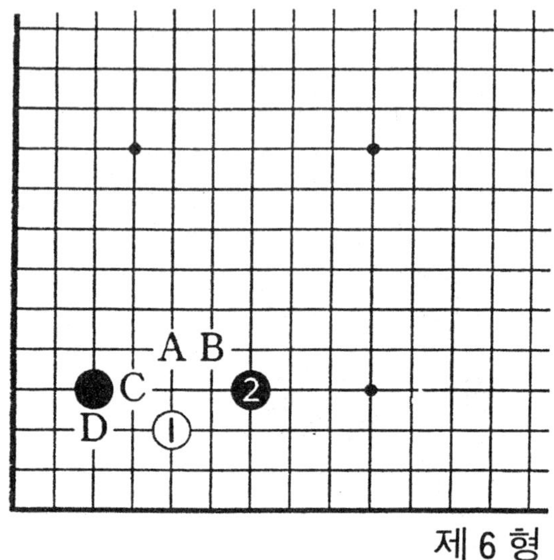

제 6 형

3. 한 칸 높이 끼우기

○제 6 형

흑2로 높이 끼우는 것도 정석이다.

백은 A로 뛰든가, 또는 B의 날일자로 뛰어내는 것이 보통이다. 그러나 경우에 따라서는 백C로 마늘모 붙이는 것도 있고, 또 백D로 귀에 붙여가는 것도 있다.

그러면 우선 A로 뛰는 정석부터 다루어 보겠다.

1도(일단락——호각)

백3의 뛰기에 흑4로 받는다. 백은 여기에서 5부터 끼우는 것이 상법의 하나이다.

흑6으로 뛰면 백7로 건너져 있는 것이다. 이 백7에서는 A로 밀고 싶겠지만, 그것은 안된다(참고도 참조).

백7에 대해 흑은 8 이하까지로 정한다.

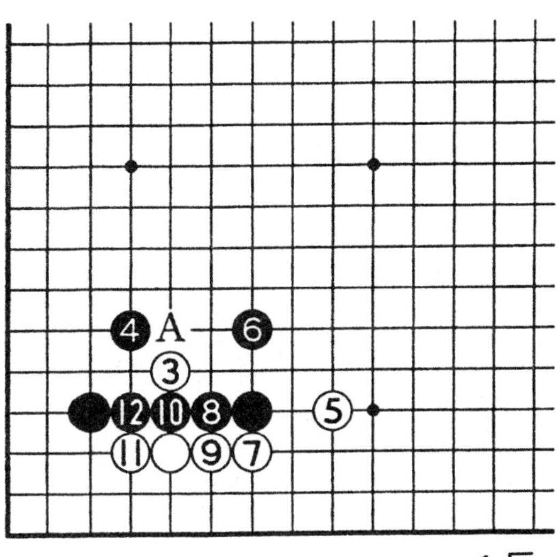

1도

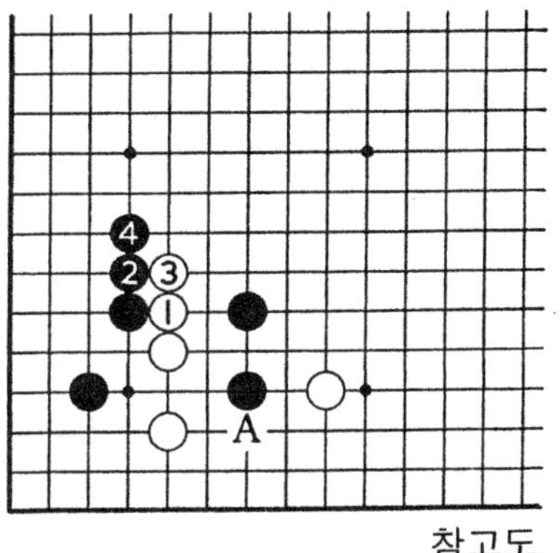

◻ 4선 뻗기는 승리

1도 흑6에 대해 ——

참고도(흑은 실리에 만족)

백은 1·3으로 눌러 내고 싶지만, 이것은 흑에게 말려드는 것. 흑은 2·4로 4선을 뻗게 되어 만족한다.

참고도

백이 흑 두 점을 완전히 잡기까지는 수도 걸리고, 백A로 건너도 맛이 나쁜 형이다.

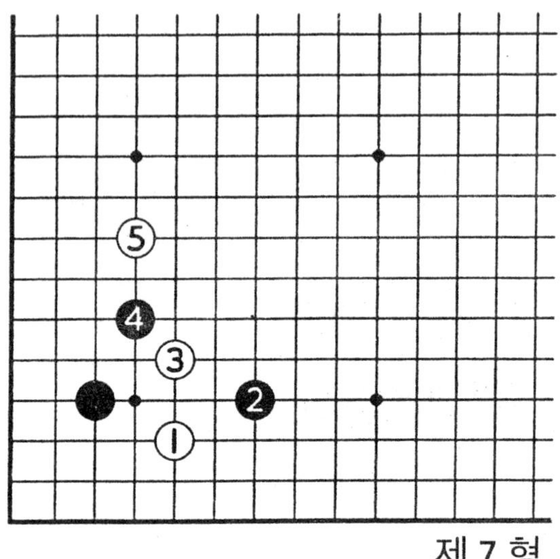

제 7 형

○제 7 형

백3의 뛰기에서 흑4까지는 전형과 같다.

여기에서 백5로 윗쪽에서 쫓는 변화를 다루어 보겠다.

1도(일단락——호각)

흑6으로 내는 한 수. 이것을 백에 6으로 봉쇄되어서는 안된다.

백이 7로 닐 때에 흑8로 넣는 것이 형이다. 이 수에서 흑A로 누르는 것은 백B로 뻗어져 아래쪽의 흑이 고통스럽다.

또 흑C로 뛰어붙이는 것도 백D로 젖혀져 재미없다.

이런 이유로 흑8로 놓은 것인데, 이어서 백은 9·11로 붙여내려 안정된 형이 된다.

흑의 형도 백의 형도 웬지 불안정하게 보이지만, 이것으로 일단락인 것이다.

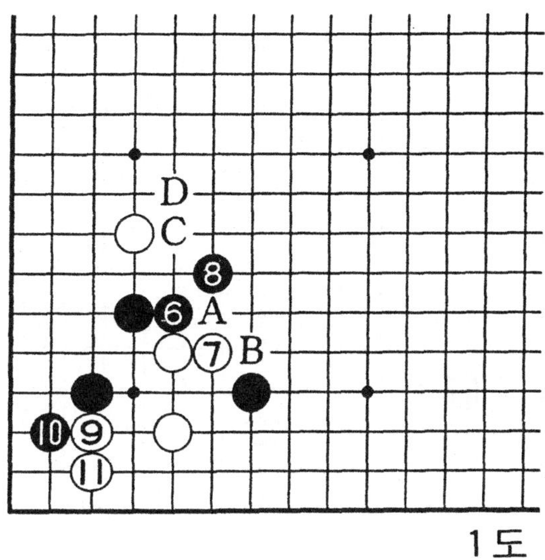

1도

이 정석이 결말이 난 것 같지 않다고 생각하는 사람은
참고도를 보기 바란다.

◇견실한 수법
　상형 1도의 흑8로 놓
는 수는 오히려,
　참고도(간명)
　흑1로 귀를 마늘모
붙이기에서 3으로 나가
는 편이 이해하기 쉬울
것이다. 나는 이 정석쪽
을 추천한다. 또 백4의

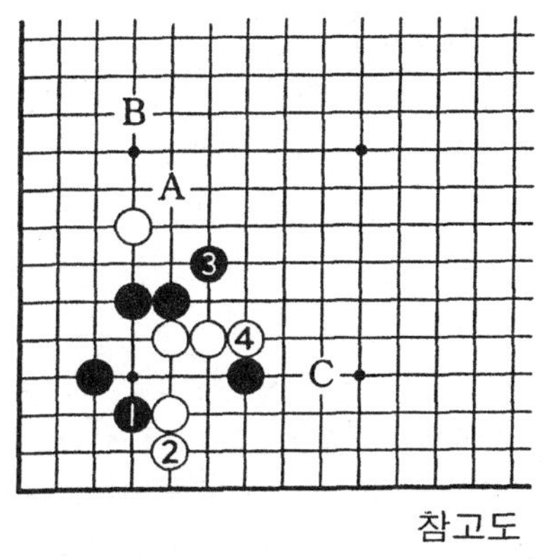

참고도

뒤는 흑은 A·B·C 어느 것인가를 취하게 된다.

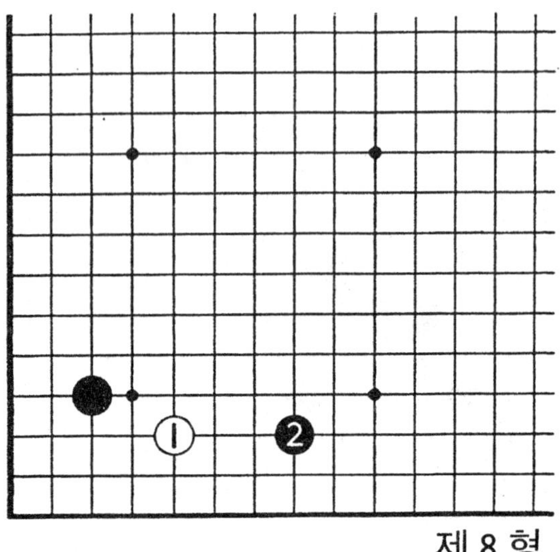

제 8 형

4. 두 칸 끼우기

○제 8 형

흑2 의 두 칸 끼우기는 옛부터 볼 수 있는 정석이다. 따라서 여러 가지로 변화도 생각할 수 있는데, 그 중에서 우선 가장 기본적인 정석을 다루어 보겠다.

1도 (일단락——호각)

백3 으로 두 칸에 뛰는 것이 가장 보통이다. 흑도 4로 두 칸에 받으면 이것으로 일단 일단락이 된다.

백3 에서 A로 놓고, 흑B, 백C, 흑D라는 변화도 있다.

이 흑4 까지의 정석은 이 다음 흑부터 E로 붙여가는 변화, 또는 흑F로 마늘모 붙여 공격으로 도는 변화 등 여러 가지 변화가 있는 것이다.

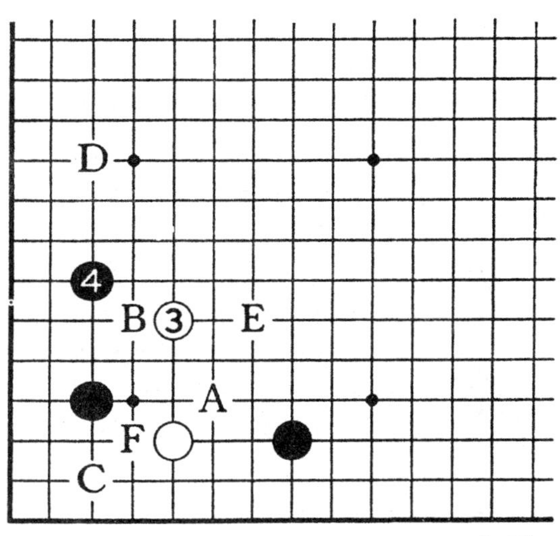

1도

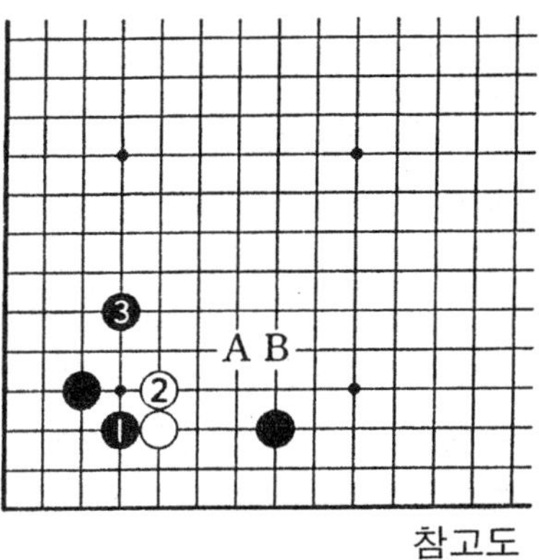

참고도

◎만일 손을 빼면…

1도 백3을 손 빼어 간 경우,

참고도(공격형)

혹1로 마늘모 붙여 무겁게 하여 공격하는 상법에 따른다. 백2를 빼면 혹2로 머리를 젖혀져 완전히 숨통이 끊기므로 백2로 선다. 그리고 혹3으로 공격하는 것이다. 백도 A나 B로 놓고 도망치게 될 것이다.

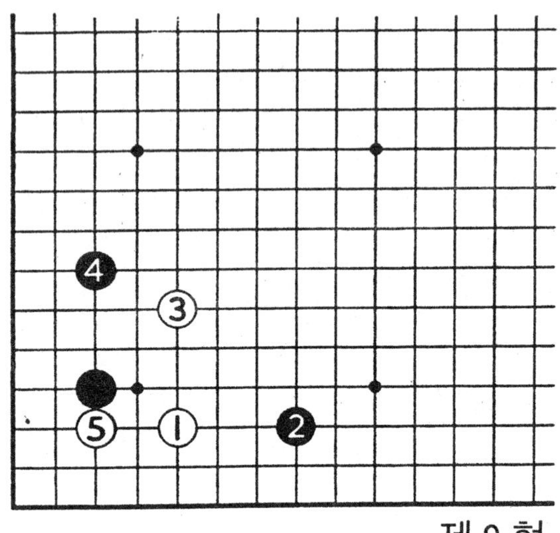

제 9 형

○제 9 형

혹4 까지로 일단락이라고 했으나, 백이 이것을 안정시키려 할 때는 백5로 귀에 붙여간다.

1도(진행)

혹6에 백7로 건너는 것이 보통인데, 여기에서 혹A로 젖혀가는 것이 강수로, 백으로써도 생각을 필요로 하는 참이다.

이 젖혀가기를 겨냥한다면, 백7로 단순히 A로 내려가면 좋은 것이다. 또 그것은 훌륭한 정석이기도 하다.

옛날에는 이 백7로 젖혀──

2도(일단락 ── 호각)

혹8로 당기고 백9로 내려 일단락이라고 생각하고 있었다. 물론 다음 형에서 볼 수 있는 변화가 혹에 있어서 바람직하지 않은 상황에서는 이 혹8을 채용하겠지만, 최근

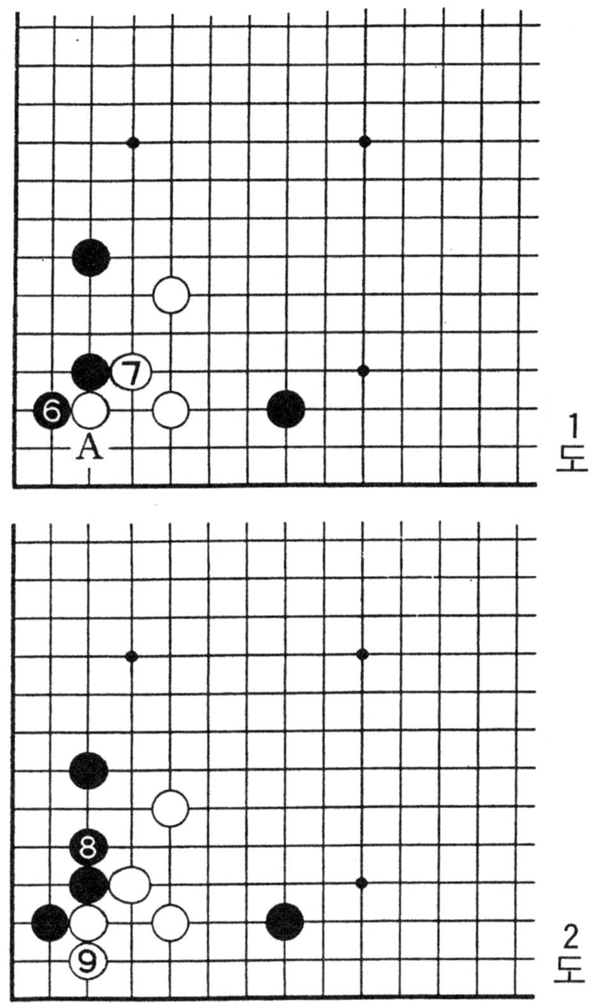

에는 강력함이 부족하다고 해서 이 정석은 그다지 놓이지
않는다.

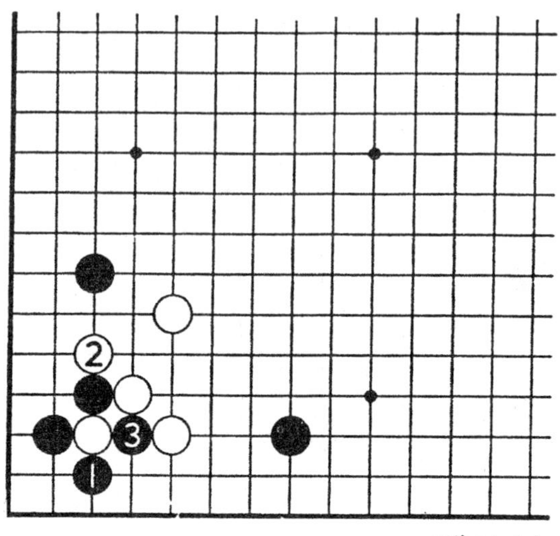

제10형

○제10형

전형 2도 흑8의 당기기에서 이와 같이 흑1로 젖혀가는 것이 상당히 강력한 것이다.

백도 3으로 잇지는 않는다(백3으로 잇는 것은 우형으로, 흑에 2로 당겨져 나쁘다). 백2로 되대어져 가게 되고, 흑도 3으로 뺀다. 이어서——

1도(되대기 맥)

백4로 단수한다.

흑5로 수 두껍게 이어 충분하다. 백6의 붙여대기가 형. 단 이것에서 백A로 걸쳐잇고, 흑B, 백C, 흑D로 건너는 변화도 있다. 이것도 정석이다.

백6에 대해 흑7로 끊은 때 백8로 단수하는 것이 맥이다. 만일 백8에서 9로 이으면 흑8로 뻗어져 흑에 맛 좋

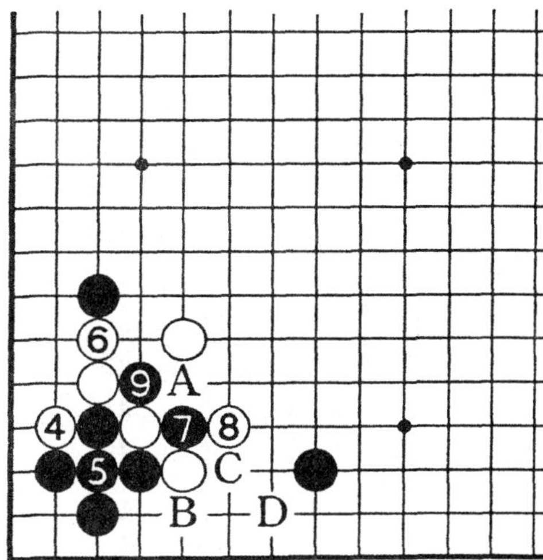

1 도

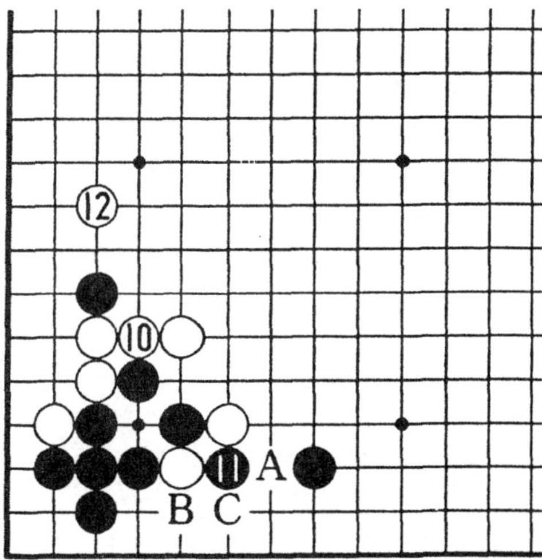

2 도

게 한 점을 빼앗겨 버린다. 게다가 백 9 로 이은 형이 고리형이다.

그런 이유로 흑 9 까지 필연이다.

2 도 (일단락 — 흑 다소 두껍다)

부드럽게 백 10 으로 잇고, 흑도 11 로 이어 연락하게 된다.

백 12 로 준비하여 일단락이다.

이 다음 백부터 A로 단수하는. 다소 나쁜 맛은 있으나, 흑 B로 잡아(경우에 따라서는 흑 C로 내린다) 대단한 것은 아님.

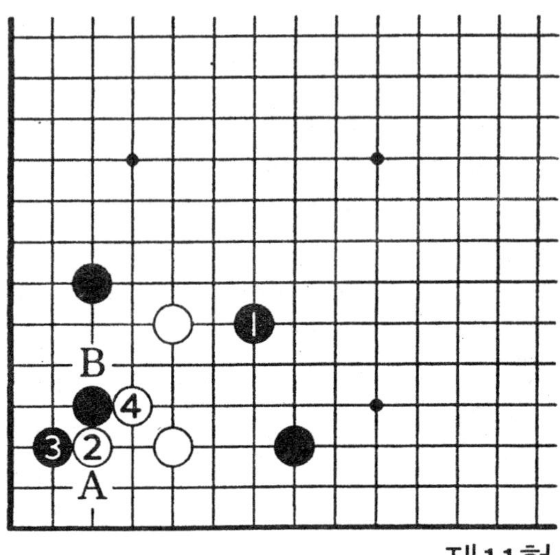

제11형

○제11형

제8형 1도 그대로 방치되어, 거기에서 흑1로 걸쳐가
는 것은 손 빼기의 기본 정석이 되어 있다.

백은 흑부터의 공격에 대처하기 위하여 2에서 4로 형
을 정해 간다. 이 형에서 흑A로 젖혀가는 것은 부적당.

백B로 단수되어 백을 오히려 안정시켜 버리기 때문이다.

따라서——

1도 (나쁜 맛의 대책)

흑5로 당긴다.

여기에서 백6이 중요한 한 수. 이로써 단순히 백7로
내리면 흑A의 붙이기 겨냥이 생긴다.

흑도 세차게 7로 단수하여 눈모양을 빼앗아간다.

2도 (일단락—— 호각)

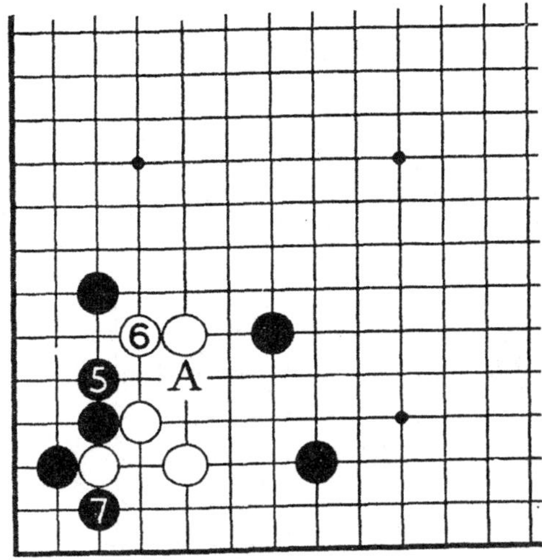

1 도

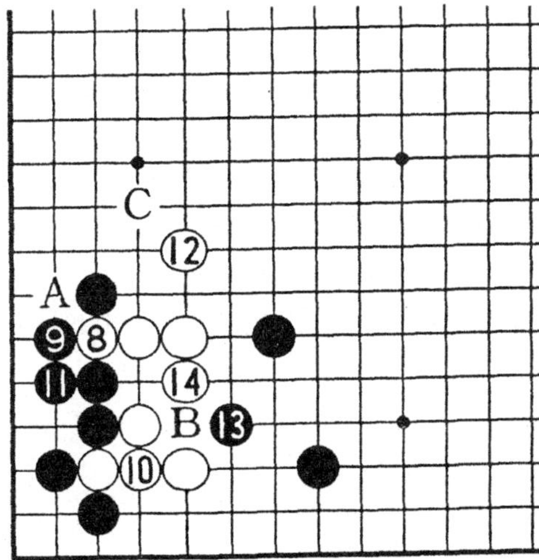

2 도

백도 특별히 고집을 피우지는 않지만, 10 으로 잇기 전에 한 점 8 을 내둘 필요가 있다.

단순히 백 10 으로 이으면 혹에 8 로 딱 대어져 곤란해지기 때문이다.

혹 11 도 필요(손을 빼면 백 A 로 끊겨 곤란하다). 이하 혹이 13 의 빼기를 살려백 14(백 B 에서 작용하고 있다)로 일단락이다.

부분적으로는 다음에 혹 C 의 날일자 받기가 호점이 된다.

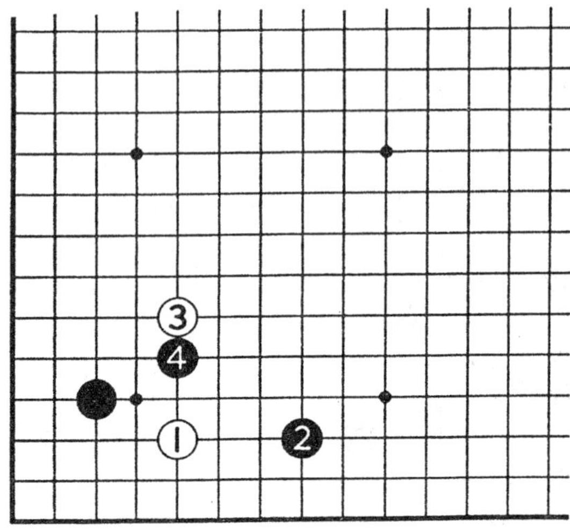

제12형

○제12형

백3의 두 칸 뛰기에 갑자기 흑4로 붙여가는 수법도 있다.

이것은 백을 분단하려는 의도로 그에 의해 좌변의 흑을 굳히려는 뜻을 갖고 있는 수이다.

그러니 백쪽에서도 형이 정해져 가는 만큼, 오히려 고마운 의도도 있다. 그러나 어떻게 정할 것인가, 그 변화에 대해 서술해 보겠다.

1도(뛰어붙이기 맥)

백도 5로 젖히는 한 수.

여기에서 흑6으로 당긴다(흑6에서 A로 붙여대는 것은 공배 메우기를 부르므로 속맥).

백7로 오른쪽의 흑돌에 부딪쳐 가는 것은 상당히 화려

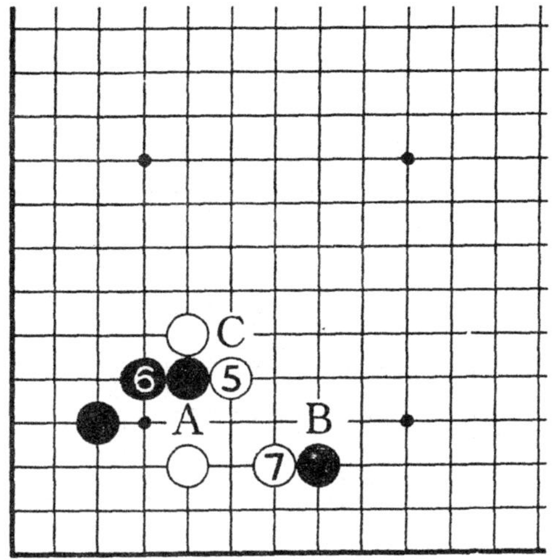

1 도

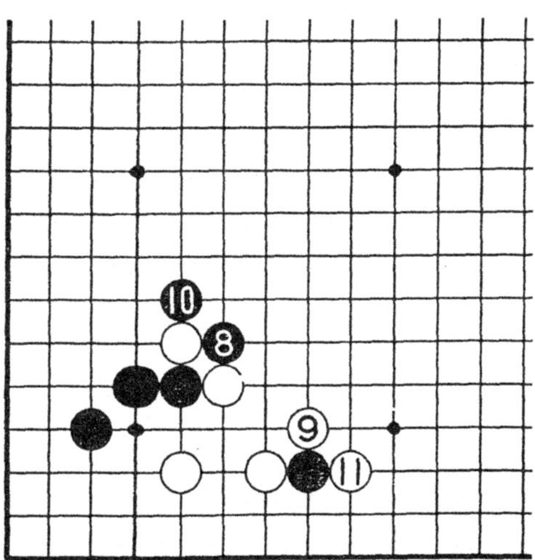

2 도

한 수이다. 즉 흑이 B로 세우면 백C로 위를 붙여 버리는 것이다.

흑으로써는 C의 끊기가 상형 흑4로 붙여갈 때부터의 염원이다. 따라서 흑B로 받지 않는다.

2도 (일단락——호각)

흑8로 끊는다. 그렇다면 백도 9로 젖히게 된다.

여기에 흑10, 백11로 각각 한 점씩을 안아 사이좋게 나누게 되었다.

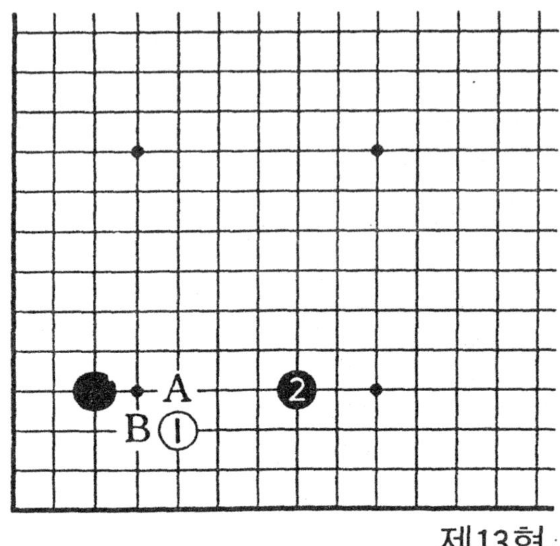

제13형

5. 두 칸 높이 끼우기

○제13형

드디어 두 칸 높이 끼우기 정석에 들어간다

이 정석이 유행한 것은 비교적 최근의 일이다. 게다가 현재는 정석의 화형(花形)으로써 활약중이다.

흑2의 끼우기에 대해 백이 손을 빼면 흑A로 머리에 붙이든가, 흑B로 마늘모 붙이는 수를 생각한다. 그리고—

1도(일단락—— 호각)

백3으로 흑을 좌우로 차단하는 단단한 수법을 고안해냈다.

흑4의 날일자 받기(이에는 흑A의 눈목자 받기도 있다). 백5의 달리기 그리고 흑6의 벌리기는 거의 절대로, 이것으로 일단락이 된다. 이것은 가장 기본적인 정석이다.

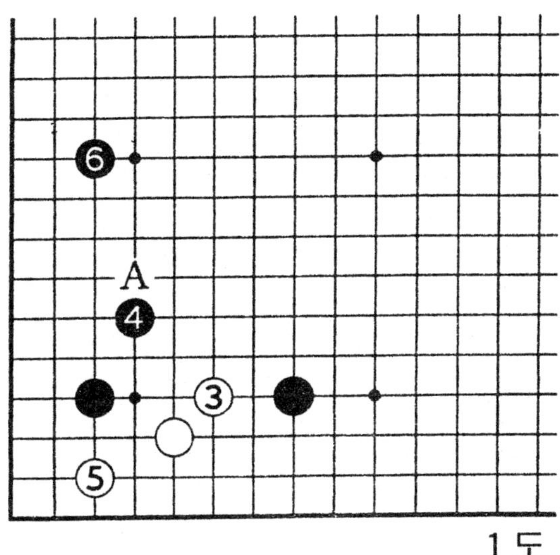

1도

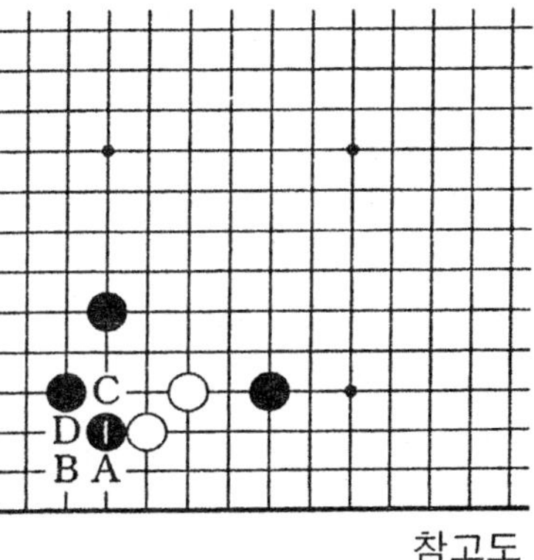

참고도

◻근거의 요소

1도 백5로 달리는 것을 잊어서는 안된다. 만일 방치하면,

참고도 (백은 옹색)

흑1로 마늘모 붙여져 백의 형이 옹색해져 간다. 이 형은 가령 백A, 흑B, 백C가 되어도, 흑 D로 이어져 백은 완전히 편해지지 않는다.

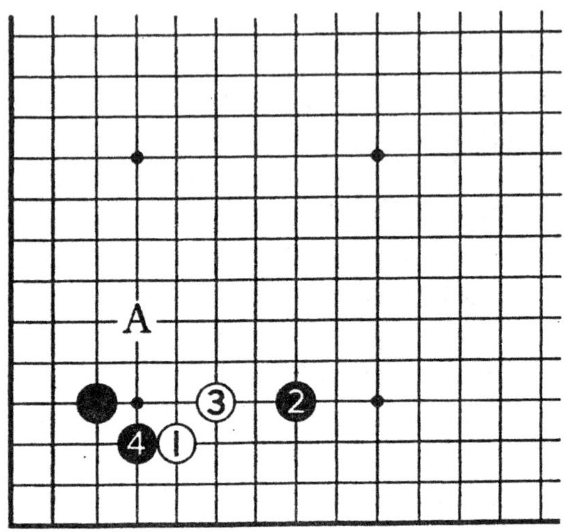

제14형

○제14형

백3의 마늘모에 대해 흑A로 받거나 하지 않고, 곧 4
로 마늘모 붙여 백의 근거를 위협하려는 방법도 있는 것
이다.

이 흑4는 동시에 흑 자신의 근거를 가지므로 유력하다
는 것은 틀림없지만 발전성에 있어서는 전형보다도 떨어
진다.

백은 흑4에 이어──

1도(일단락──호각)

5의 젖히기부터 간다. 백7의 단수를 살리고 9로 뻗
는다.

흑도 10으로 뛰어 일단락이다.

이 백은 얼핏 보면 옹색할 것 같지만, 나중에 백A로 뻗
어나가거나, 또는 백B로 걸치든가, 또 아래쪽 백C로 걸
쳐이어져 D의 내뛰기 등을 보는 상당히 끈질긴 형이다.

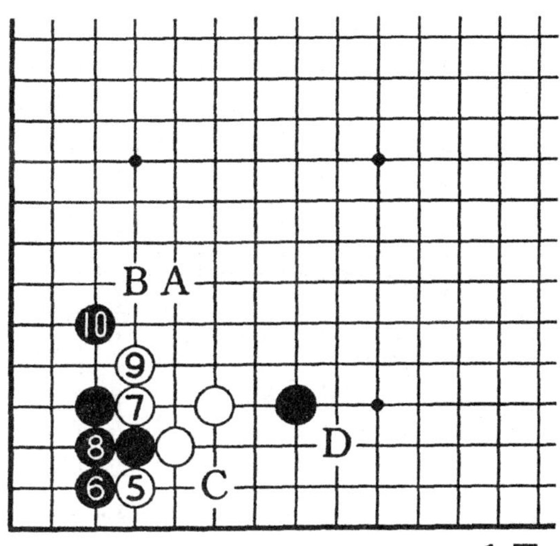

1도

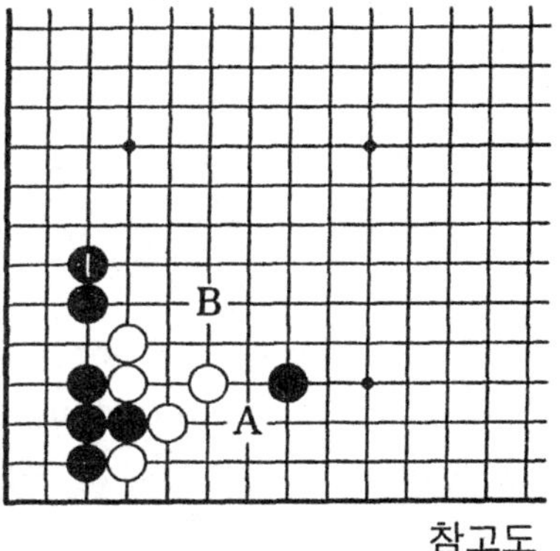

참고도

◇ 준비의 형

상대의 돌을 공격할 때에도 우선 자신의 형을 되돌아볼 필요가 있다. 약한 돌을 안고 있음에도 불구하고 공격해가면 자군에게 파탄을 가져온다.

참고도(나란히)

공격하기 전에 흑1로 잘 정형하는 것은 호수이다. 이렇게 놓아 다음에 흑A나 흑B의 봉쇄를 겨냥하는 것이다.

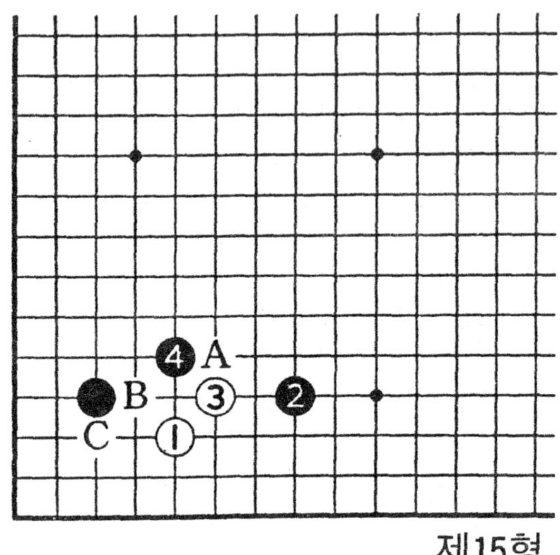

제15형

○제15형

백3의 마늘모에 흑부터 여러 가지로 가는 수가 있다.

이 흑4의 날일자 걸치기도 그 하나이다.

이에 대해 백의 놓는 방법으로써는 A로 내어가는 수, 또 백B로 마늘모 붙이는 수, 더욱 백C로 소목의 돌에 붙여가는 수 등을 생각할 수 있다.

1도(일단락 —— 호각)

우선 백5로 마늘모 붙이는 형을 다루겠다. 흑6으로 눌러 버티면 백7 이하 흑10까지가 상정된다.

또 흑6에서는 A로 늦추는 수도 있고 그것은 다음 형으로 환원된다.

도중에 백9에서 10으로 밀어올리면 흑에 B로 젖혀져 재미없다. 또 백9는 이렇게 내리는 것. 장래 C의 빼기를 보는 것이다.

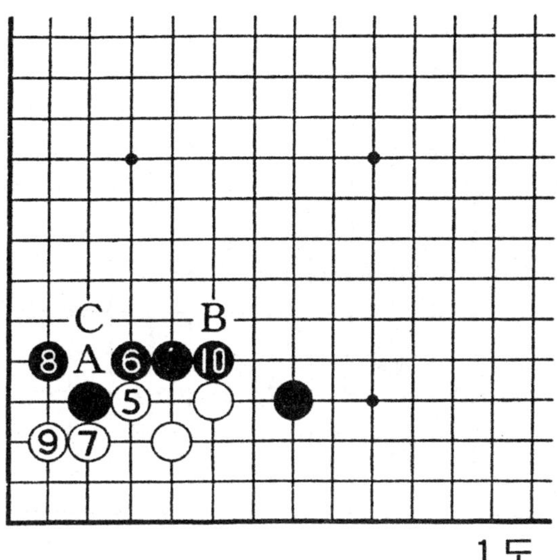

1도

제15형 흑4가 기대
하는 것은,

참고도(백은 불만)

백1에 흑2·4로 뻗
어 좌변에 집을 획득하
려는 것이다.

그 다음 백A로 끼워
가는 정도이다.

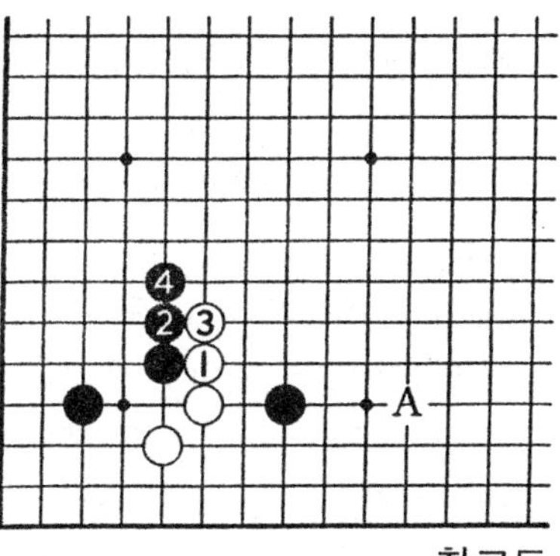

참고도

1도의 봉쇄된 형을 꺼리면 백으로써는 이렇게 나아가
는 것 외에 다른 방법이 없을까.

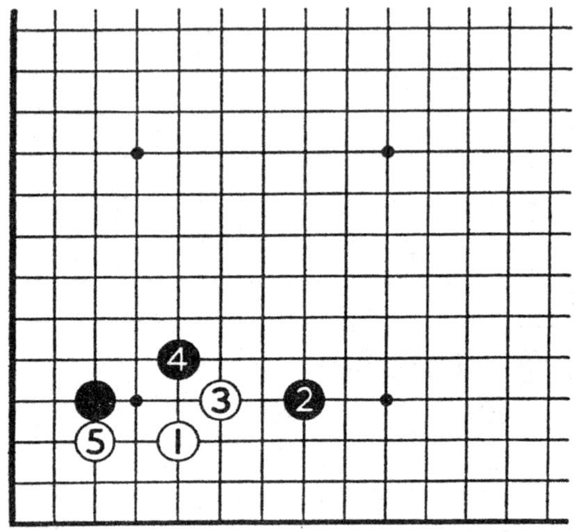

제16형

○제 16형

혹4 까지는 전형과 같다. 여기에서 백5의 걸치기부터
가보자.

1도(일단락——호각)

혹도 6으로 젖힌다. 그렇게 젖혀진 다음 백7로 부풀
리는 것이다. 이번에는 전형과 달리 혹9로 누르는 것은
안된다.

혹8 ·10으로 늦추고, 혹12로 젖혀가는 것이다. 여기까
지 정해 백13으로 내릴 근거를 갖게 되는 것이다.

또 이 백13에서는 지금 백A로 젖히고, 혹B의 뻗기와
교환한 다음 백13으로 내리는 것도 있다. 본도와 비교할
때 어떤 것이 좋은지는 판정할 수 없지만, 모두 적당한 가
르기일 것이다.

도중 본도에서는 혹10으로 늦추었으나 이 수에서 혹11
로 누르는 수도 있고, 이것은 그 변화가 성가신 것이다.

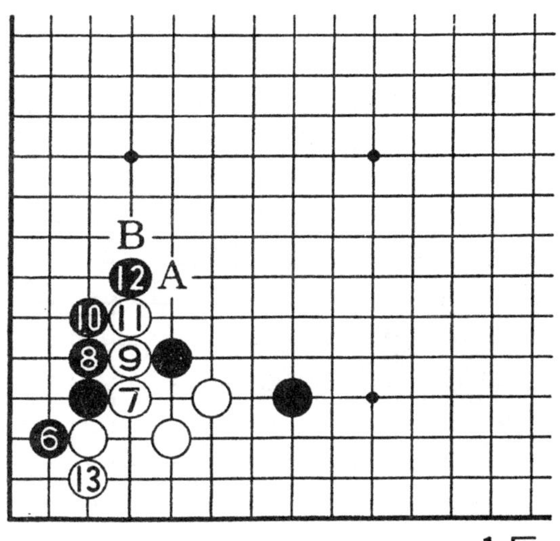

1 도

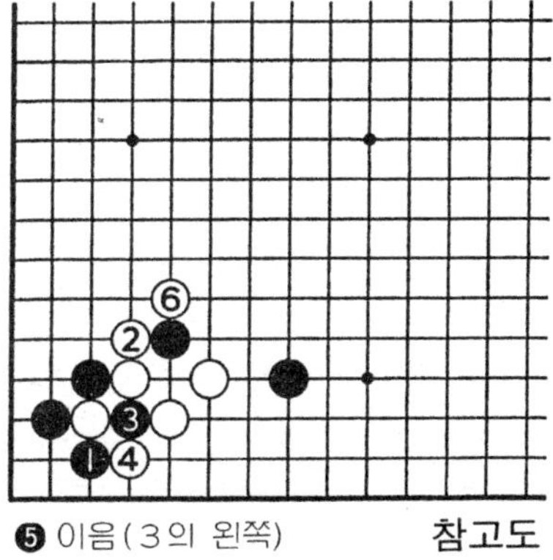

❺ 이음 (3의 왼쪽)　　　참고도

◇ 젖혀 걸어 올려가면

1 도 백 7 에 대해서 만일 흑이,

참고도 (백 충분)

1 로 젖혀 걸어 올라가면 흑은 어떻게 하는 것이 좋을까를 나타내 두겠다.

백은 상관없이 2 로 내뻗는다. 흑 3 의 취하기에 패를 두려워 말고 백 4 로 단수한다. 흑은 5 로 잇는 방법 외에 없다. 백 6 으로 젖히면 충분하다.

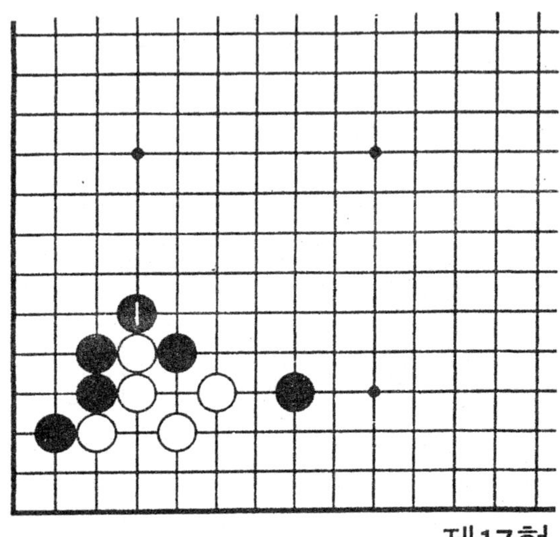

제17형

○제 17형

전형 1도 흑10에서 이와 같이 흑1로 누르는 수도 있다.

이것이 실은 상당히 성가신 변화를 포함하고 있다. 백쪽에서 상당한 주의를 하지 않으면 곤란을 겪게 된다.

흑1에 이어서 우선——

1도(끼움수 탐탁지 않은 수)

백2로 아래를 끊는다.

흑은 3의 단수에서 5로 사는 것이 좋은 수.

이에 대해 백6을 살려 8로 뛰는 것이 맥. 이런 때는 백A로 단수하거나 B부터 끊거나 하면 좋은 결과를 얻을 수 없다.

여기에서 흑9로 걸치는 것이 메꿈 수 탐탁지 않은 수이다. 그 응접법을 계속 틀려 손해를 보고 만다. 그 일례를 아래 참고도에 나타내 두었다.

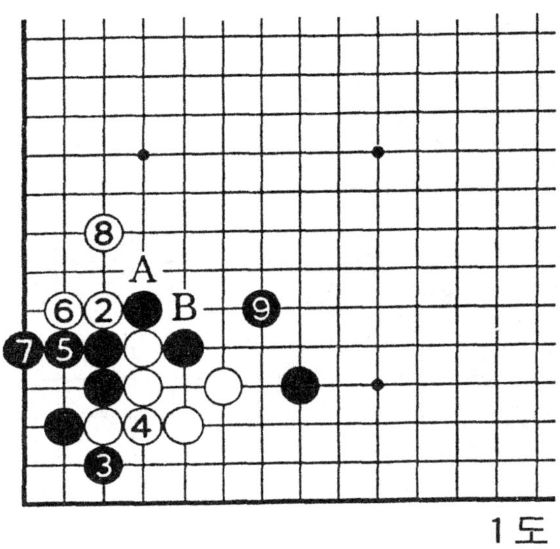

1 도

◇ 속수에 주의

1 도 흑 9 에 대해,
참고도 (끼우기)

보통 백 1 로 끊고 3
으로 안는 것은 좋지 않
다.

흑 4 로 끊고 흑 6 으로
누르는 수가 있기 때문
이다. 백 A 라면 흑 B 로 멈
추어 버린다. 이것은 분명히 백의 끼우기 형일 것이다.

바른 응수는 다음 도.

참고도

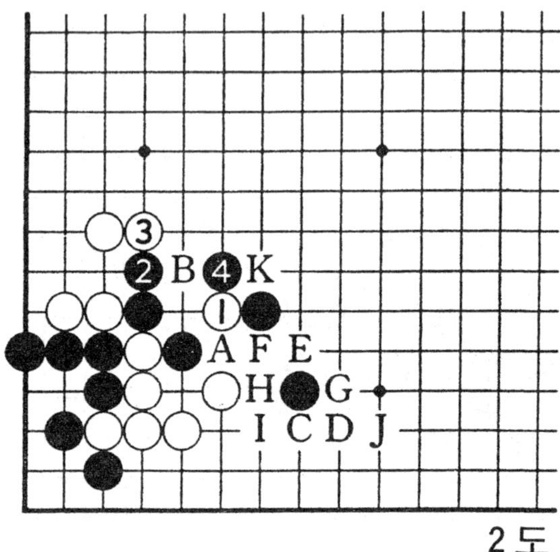

2 도

2 도(붙여놓기의 맥)

우선 백 1 의 붙여놓기부터 간다는 것을 기억해 두지 않으면 안된다. 그리고 흑 2 의 뻗기에 백 3 으로 누른다.

이 흑 2 에서 4 의 젖히기부터 두면 백은 A 로 잇는다. 흑 2 에 백 3, 그리고 흑 B 잇기에는 백 C, 흑 D, 백 E, 흑 F, 백 G, 흑 H, 백 I 로 정한다. 그리고 J 의 안기와 K 의 끊기를 균형이 되게 하면 흑의 파탄은 불러일으키지 않을 것이다.

또 이 변화는 다소 귀찮기 때문에 가능하면 바둑판에 늘어놓고 검토해 보도록 한다.

흑 4 에 이어서——

3 도(알기 쉽게 정하는 방법)

속되게 백 5 로 부풀려 7·9 로 정해 간다.

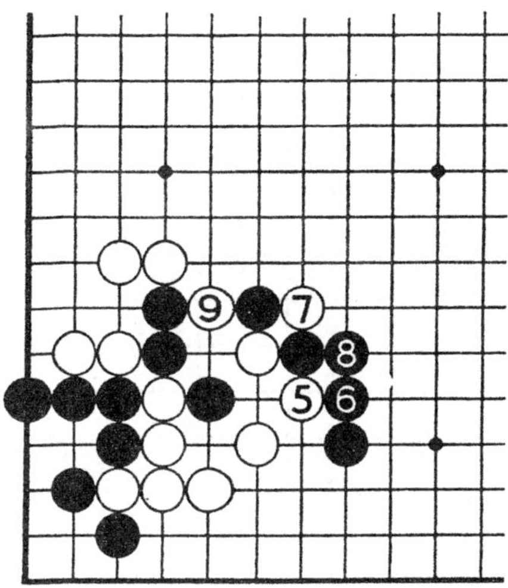

3 도

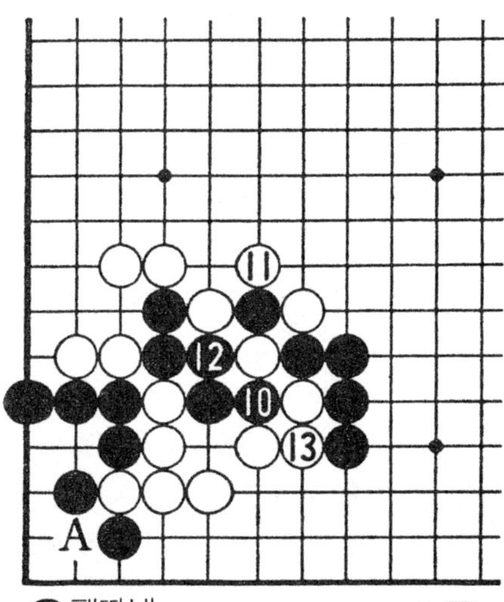

4 도

결론부터 말하자면 패가 된다. 즉 이 다음 ——

4 도(패)

흑 10 의 끊기부터 백 13 의 잇기까지가 되어 흑이 취할 차례인데, 백은 귀에 대해 A의 끊기부터 가져가는 패재가 상당한 실리므로 이 패는 싸울 수 있다.

흑도 귀의 돌을 버리고, 빼어 엇갈려 가르는 것이 되는 것이다.

이상의 것 외에도 여러 가지 어려운 변화는 있으나, 백은 냉정하게 처리하면 그렇게 어려움은 겪지 않을 것이다. 2 도의 백 1 마저 놓을 수 있다면 오히려 흑쪽의 대처가 곤란해질 것이다.

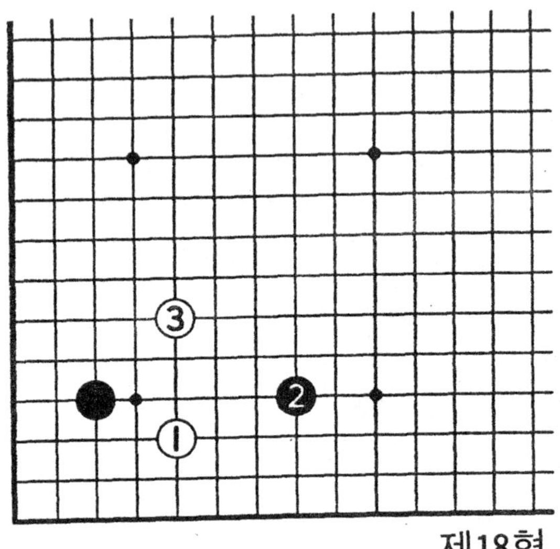

제18형

○제 18형

그러면 흑2의 두 칸 높이 끼우기에 대해 백3으로 두 칸으로 뛰는 정석을 다루어 보겠다.

두 칸 끼우기에서도 사용했듯이 소목에 대해 날일자 걸치기에서 두 칸으로 뛰는 수는 자주 사용된다.

1도 (일단락 —— 호각)

흑도 4로 응하는 것이 가장 보통이다.

그 외 흑A로 붙이는 방법도 자주 사용된다.

흑4로 일단락인데, 두 칸 끼우기 때와 마찬가지로, 흑부터도, 또 백부터도 여러 가지 놓기가 있고, 상황에 따라 변한다.

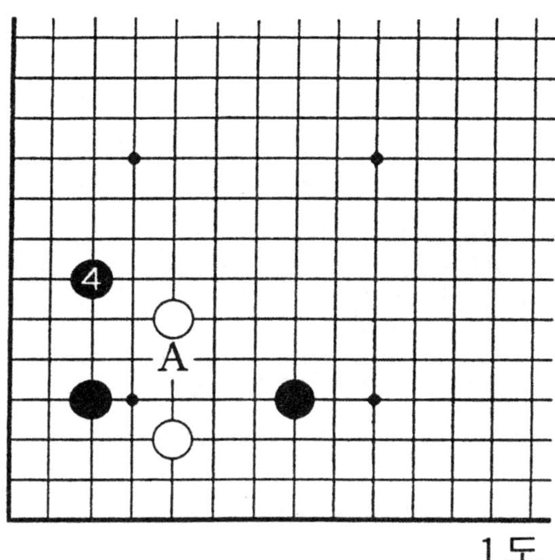

1도

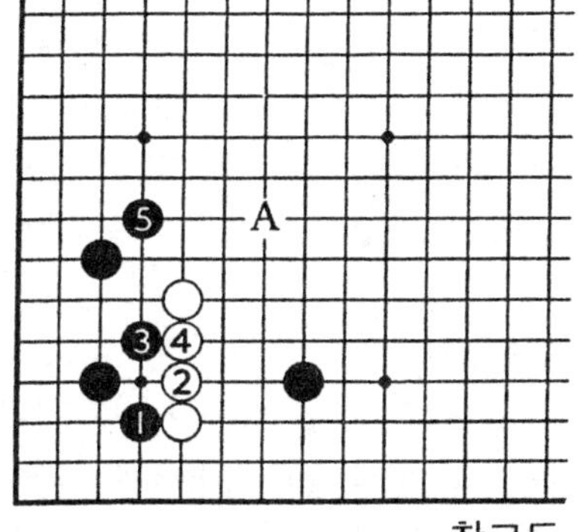

참고도

☒ 흑부터의 공격

　상형 1도 그대로 방치해 두면 모든 찬스를 노려 백의 두 점을 공격하지 않으면 안된다. 그 공격형을 하나만 나타내겠다.

　참고도(마늘모 붙이기)

　흑1로 마늘모 붙이고, 3의 빼기를 살려 5로 넣는 것이 형이다. 백도 A 등으로 탈출을 기하게 된다.

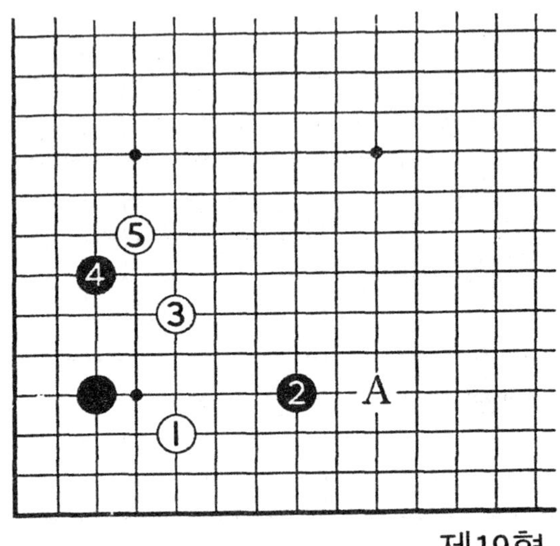

제19형

○제19형

비교적 새로운 형이 이 백5의 걸침이다.

이 5의 걸침은 여기에 큰 두꺼운 맛을 형성하고, 그것을 A의 방면부터 2의 한 점을 끼워 공격하려는 것이다.

그러면 어떻게 변화할 것인가, 이 뒤의 진행을 보기로 하자.

1도(세 점 뻗기)

흑6·8은 가장 평온한 받기이다. 그러나 상황에 따라서는 흑6에서 A로 반발하여, 백B에 흑C로 내끊는 방법도 있다. 단 부분적으로는 다소 흑의 무리한 형이므로, 그것을 알고 놓기 바란다.

흑8까지 세 점 뻗어——

2도(일단락)

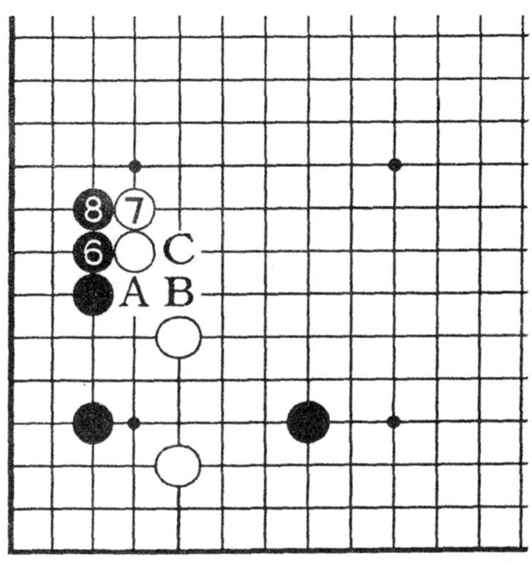

1 도

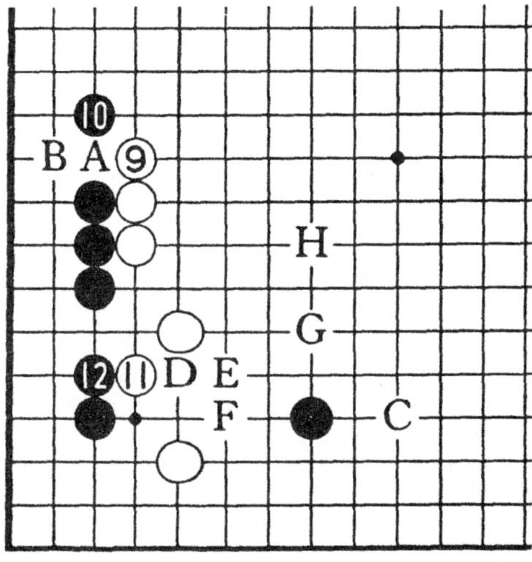

2 도

흑 10 으로 뻗는 것이 바른 응수이다.

이것이라면 백 A 로 내어도 흑 B 로 아무런 불안이 없다.

백은 11 로 마늘모를 한 점 살려 C 주위부터 공격으로 돈다.

또 백 11 을 놓지 않으면 흑 D, 백 E 에 흑 F 로 분단을 겨냥해 가는 수단이 있다.

참고로 12 뒤의 놓기에 관해 서술하면, 백 C 의 끼우기에 흑 G 로 뛰어내면 백 H 로 칼끝으로 공격 진행이다.

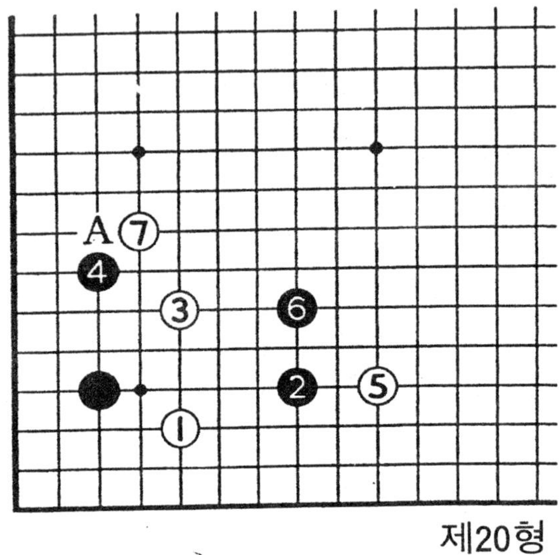

제20형

○제 20 형

흑 4 까지는 전형과 거의 같다. 여기에서 백 5 로 끼우고 흑 6 으로 움직이기를 기다려 백 7 로 걸쳐가는 전법이 있다.

그러나 이번에는 전형과 모양이 다르다. 흑 6 의 뛰기가 와 있기 때문이다.

이것이라면 흑도 A 로 잘못받는 일은 없다.

당연——

1 도 (반발)

흑 8 ·10으로 내끊어 반격으로 이동하는 것이다. ▲ 에 원군이 와있으므로 불리한 싸움이 될 것 같지는 않다. 요는 나중 싸움의 방법이다.

이 뒤의 싸움 방법은 매우 복잡하고 변화도 다양한데, 특히 그 중에서 대표적인 형을 하나만 다루어 보겠다.

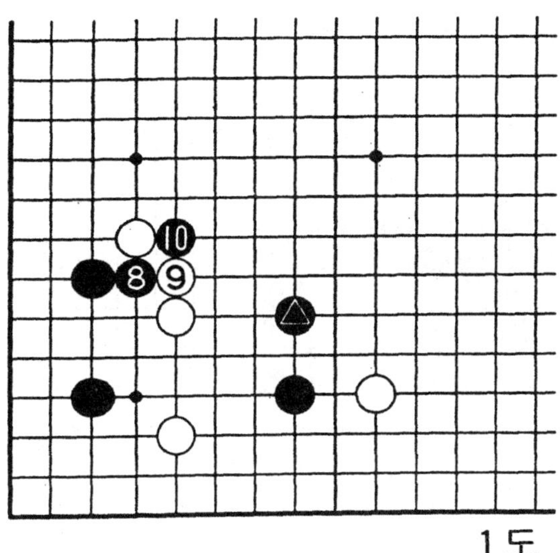

1도

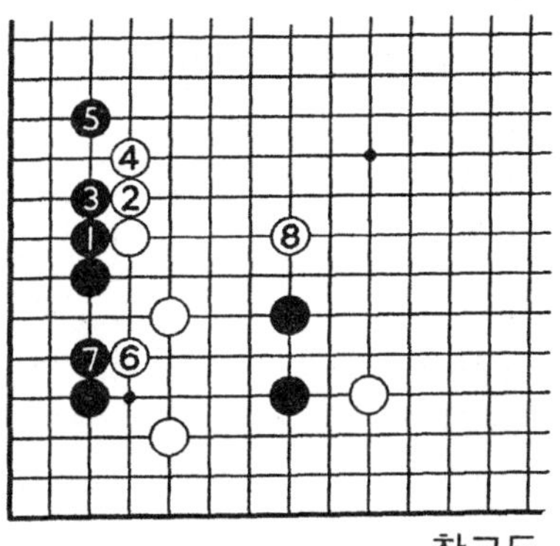

◇ 소극적

제 20 형 백 7 의 젖히기에 대해——

참고도 (받기)

흑1 이하 7 까지로 받는 것은 소극적이다. 모든 백은 8 의 칼끝으로 흑의 두 점을 공격하는 것이 될 것이다. 물론 흑도 싸우지 않는 것은 아니지만, 다소 기가 부족한 느낌이 든다.

참고도

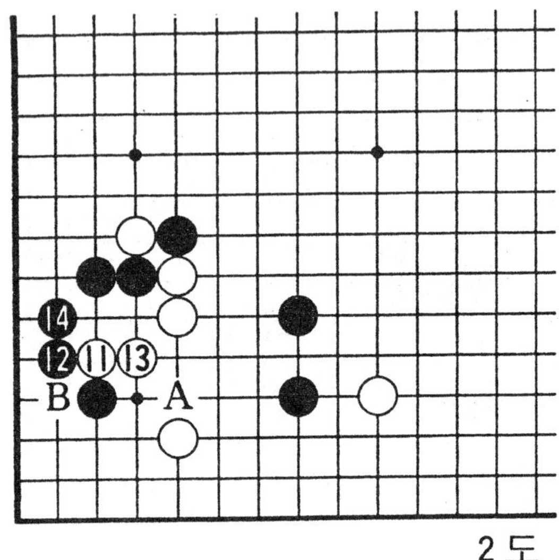

2 도

2 도 (걸치기의 응수를 묻는다)

그 한 방법이라는 것은 백 11 로 붙여 흑의 응수를 묻는 놓기이다.

흑 12 로 받으면 백 13 으로 당긴다. 흑 12 에서는 A 로 뛰어붙여 엇갈려 가르는 놓기도 있다. 그 변화에 대해서는 할애하겠다.

흑 14 에서는 B 로 단단히 이어 버티는 놓기도 있으나, 백 14 의 젖혀내기를 겨냥당해 다소 얇아지므로 이 14 쪽이 견실하다.

이어서——

3 도 (진행)

백은 15 를 살린다. 흑도 16·18 로 정하여 한발도 늦추지 않는다.

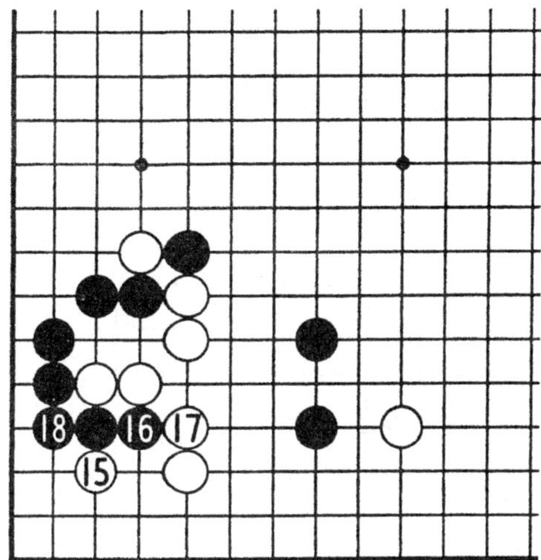

3 도

여기에서는 흑을 갈라내는 것을 생각할 수 있다.

4 도(일단락)

백 19 의 뛰기이다. 흑A로 안으면 백 21 을 선수로 살릴 것 같지만, 이것은 흑도 20 으로 뻗는다.

백 21 까지는 수순을 바꾸어 백 21 의 단수, 흑 20 의 뻗기. 그리고 백 19의 걸쳐 잇기로 놓아도 결과는 같다.

흑도 B로 뛰어 구부려 드디어 싸움에 돌입한다.

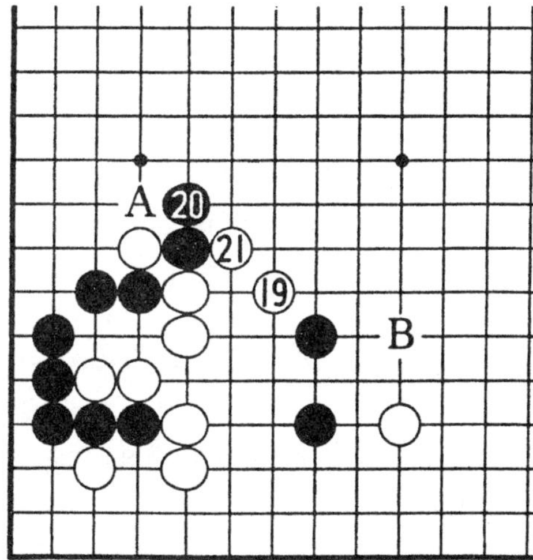

4 도

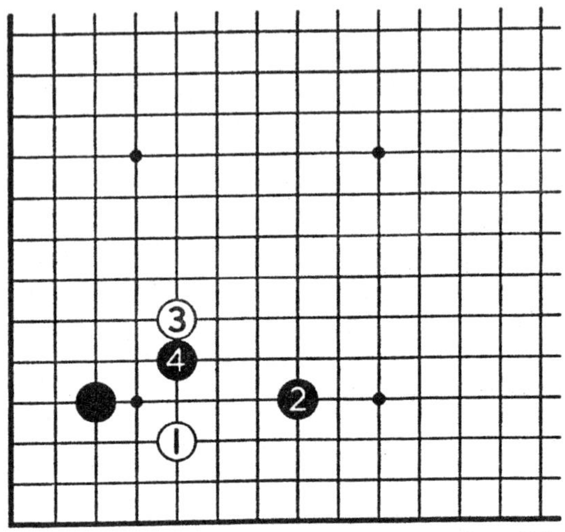

제21형

○제21형

백3의 두 칸 뛰기에 갑자기 흑4로 붙여가는 정석을 다루어 보겠다.

이것은 두 칸 끼우기로 내어 붙이기의 변화와 요령은 비슷하다.

그러나 흑2의 위치가 높기 때문에 도중의 변화도 당연 달라져 간다. 그 점에 주의하여 공부하기 바란다.

1도(싸움의 기로)

백5·7이 간명.

흑은 8로 끊어간다. 백9·11까지는 그렇게 어려운 변화는 아니다.

여기에서 흑A로 안아 백도 B로 안게 되면 평온한 갈림이 된다. 이것도 정석이다.

그러나 흑이 A로 안아온다고 단정할 수 없다. 흑C로 뛰어 백B의 방해를 할지도 모르는 것이다.

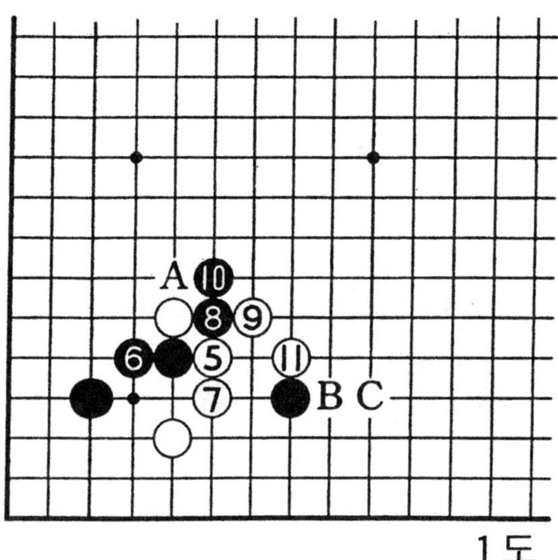

1도

◇무리형

1도 흑8의 끊기에 대해——

참고도(봉쇄된다)

백1로 뻗어 싸우는 수도 생각할 수 있으나, 흑에 2로 뻗어져 이곳을 봉쇄당하면 백은 어려운 싸움을 하게 된다.

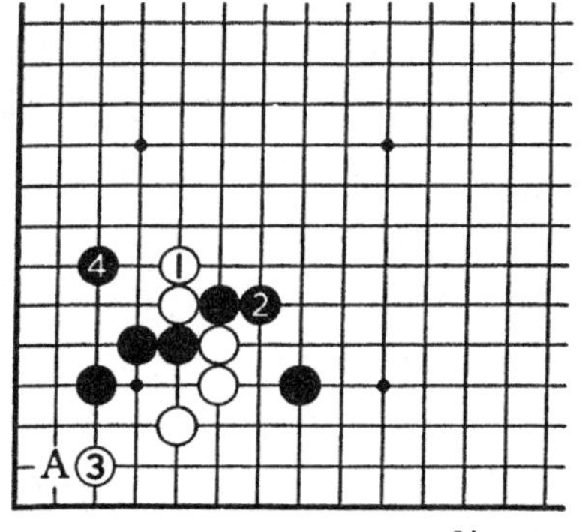

참고도

백3에 대해 흑4로 달리고, 흑A의 붙이기를 겨냥하는 것이 될 것이다.

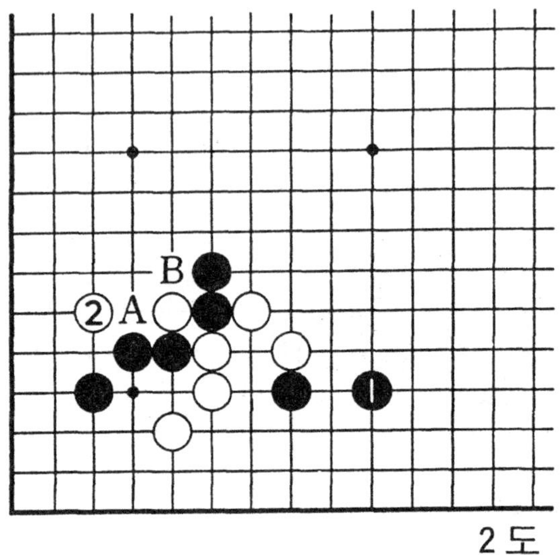

2 도

2도 (도전)

그러면 흑1로 뛰면 백은 어떻게 하면 좋을까.

백2로 사이를 벌려 놓는 것이 호수맥이 된다. 이것은 백2에서 백A로 놓으면 흑2로 젖혀져 편안하지 않다— 즉 2의 위치가 급소에 해당하는 것이다. 그리고 백2에 흑이 B로 위에서 단수하면 백A로 이어, 이것은 흑이 곤란해지는 것이다. 그러므로——

3도 (이제부터의 싸움)

흑도 3으로 내어가는 한 수.

실은 백은 이 흑3을 유도, 백4·6으로 내어가려는 것이다. 그러나 흑도 7까지로 준비하여 나쁘지는 않다.

여기에서 옛날 정석이면 백A로 걸처 취하겠지만, 최근에는 다소 미지근하다고 해서 백B로 뛰어 싸우거나, 백C에서 흑 두 점을 공격해 가는 적극책을 취하고 있다.

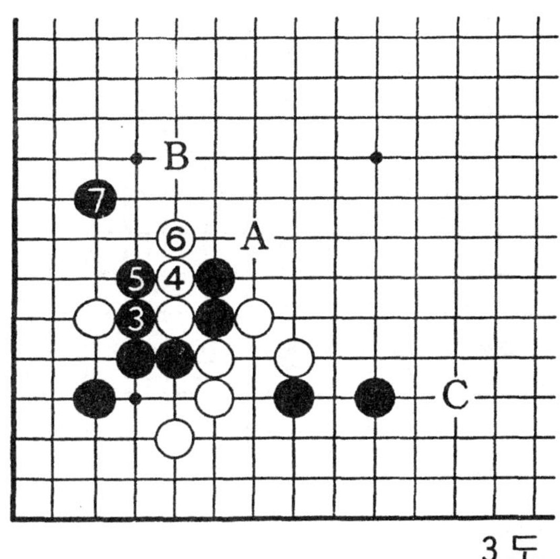

3 도

◇ 모양

3 도의 뒤 싸움 방법
에 관해서——

참고도 (발이 느린 부
풀림)

백 1 로 끼워가는 것은
충분히 예상할 수 있다.
여기에서 흑 2 로 부풀려
주면 모양좋게 백 3 으로

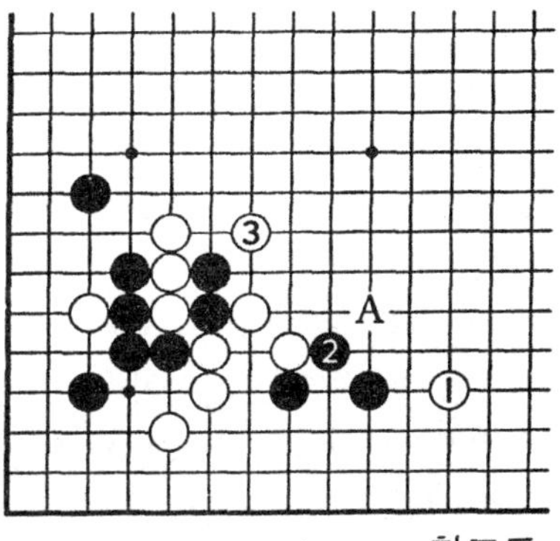

참고도

취한다는 것이다. 즉 흑 2 가 나쁘기 때문에, 여기에서는
단순히 A로 뛰어 싸워야 하는 것이다.

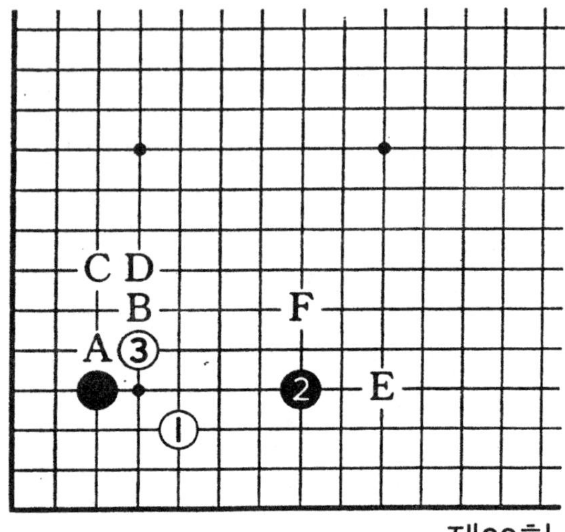

제22형

○제 22 형

그러면 백3으로 걸쳐가는 정석에 대해 서술하겠다.

이 백3은 흑이 A로 받아주면 백B, 그리고 흑C에 대해 백은 D의 누르기도 살릴 수 있으므로, 여기에서 백E로 끼워 흑2의 한 점을 공격하려는 것이다. 예를 들면 흑 F로 움직여내면 그것이야말로 백D로 눌러 두꺼운 맛을 구축하면서 흑을 공격해 간다. 이것은 백의 작전에 타는 것으로, 흑도——

1도(걸치기부터 가는 맥)

4·6으로 내끊어 반격한다.

백7이 맥(다음의 **참고도**와 비교한다)이다.

또 이 백7에서 백A로 뻗어 싸우는 것은 흑C로 당겨져 다소 무리한 느낌이 든다.

백7에 흑B로 놓는 것은 뒤에 나오는 제12문을 참조하도록.

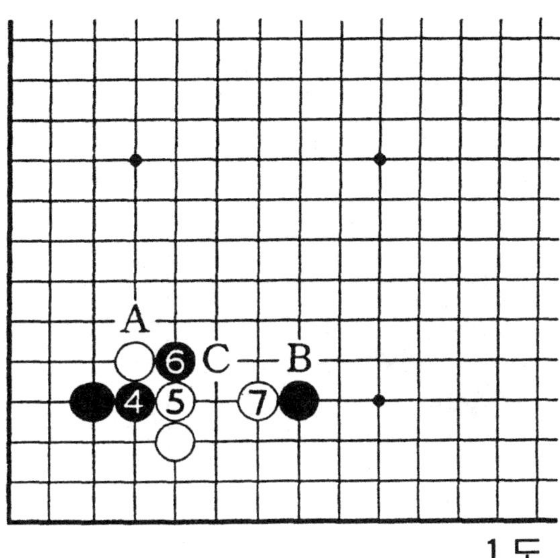

1도

◇속맥으로는 실패

1도 백7이 맥이라고 말했으나,

참고도(속맥의 응답)

보통 백1로 단수하여 3으로 걸쳐잇는 것은 속맥이다. 흑에 4로 세워지면 상당한 형이 된다.

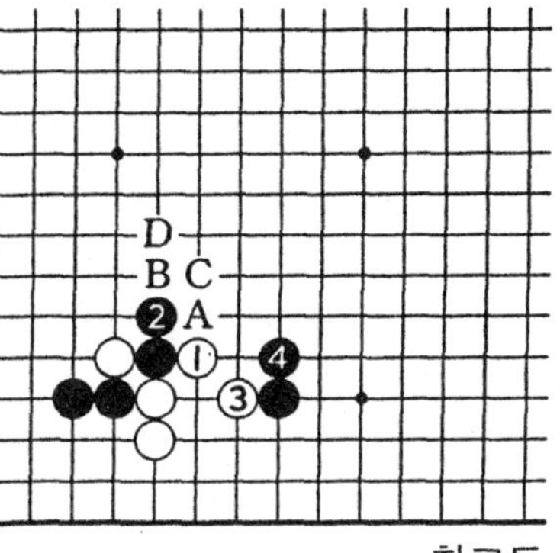

참고도

다음, 백이 손을 빼면 흑 A로 구부리기가 절호이므로, 백A로 누르면 흑에 B(더욱 흑C가 강력하다), 백C, 흑D로 5선을 뻗게 만든다.

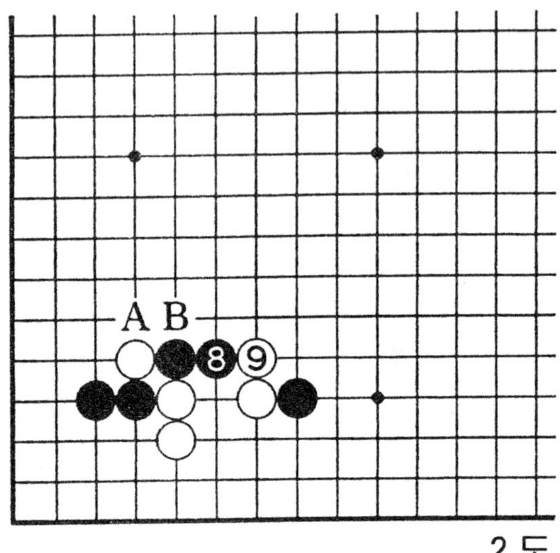

2 도

2 도(형 정하는 방법)

전도 백 7 에 이어서 흑이 8 로 내뻗으면, 거기에서 백 9 로 붙여내는 것이다.

또 이 흑 8 에서 B로 뻗어도 백은 9 로 세우는 것이 좋다. 이 뒤 백에 A로 내뻗어지면 곤란하므로——

3 도(일단락—— 호각)

흑 10 으로 한 점을 안는다.

백도 11 로 젖혀(이렇게 아래를 젖혀 둔 것) 백 자신의 근거를 확실히 해두는 것이다.

이것으로 이 정석은 일단락이다. 또 백 11 을 놓아두지 않으면 흑 11 로 내려져 근거를 잃어버린다.

이 결과에서 알 수 있듯이 **제 22 형** 백 3 으로 걸치는 것은 흑의 윗쪽(좌변)에 세력을 구축하게 해도 좋은 때에 놓는 방법으로, 어떤 상황에서도 놓으면 좋다는 뜻은 아니다.

형세로써는 호각이다.

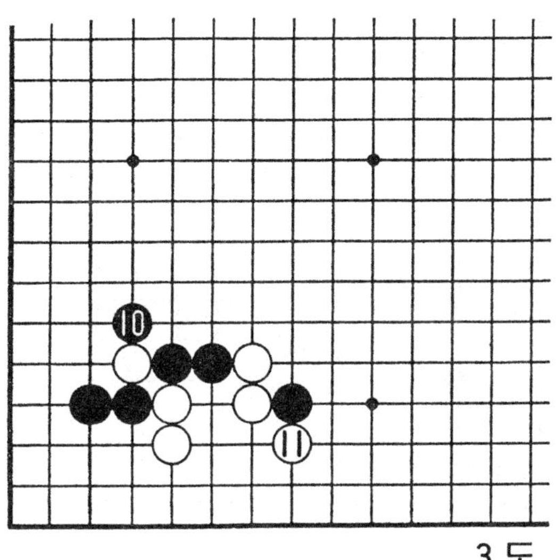

3 도

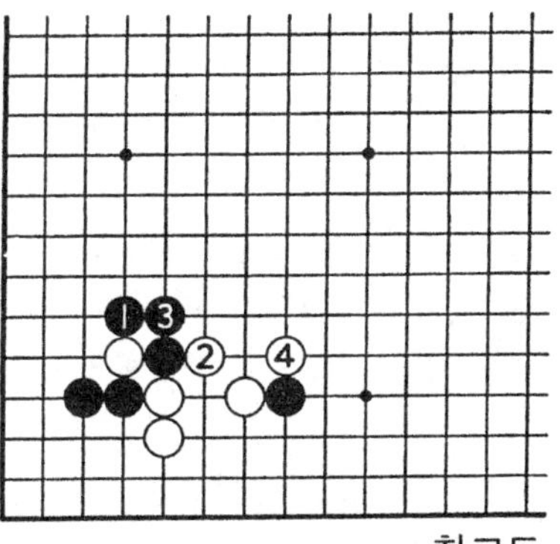

참고도

◈수순

맥이나 수순이 얼마나 중요한가는 이제까지 몇 번이나 나왔으므로 알 것이라고 생각한다. 2도의 흑8의 뻗기를 보류하고, 단순히──

참고도(백은 급소에 놓을 수 있다)

흑1로 안으면 백에 2로 단수를 살게 하여 4의 젖히기로 돌게 된다. 앞의 참고도 흑4의 뻗기와는 상당히 다르다.

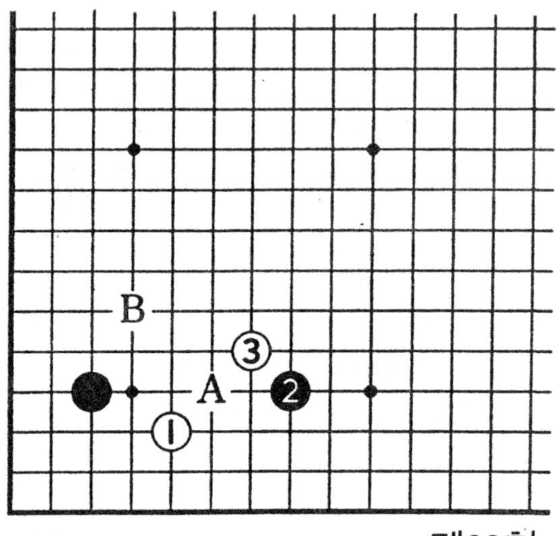

제23형

○제 23 형

바둑에는 여러 가지 어려운 맥이 생긴다. 특히 초급자로써는 도대체 무엇 때문에 그런 수를 놓아가는 것인지 이해할 수 없는 경우가 적지 않을 것이다.

이 백3으로 놓는 방법도 그런 것 중 하나이다. 흑부터 A로 간다면 어떻게 될까? 라는 의문을 가지는 사람도 있을 것이다. 그러나 백3에는 다음에 백B로 크게 비스듬히 걸쳐 간다는 뜻이 있는 것이다.

따라서 흑도 방치하는 것은 위험하다. 상식적으로는—

1도 (붙이기)

흑4로 붙여 백의 모양을 본다. 백은 여기에서 흑4에는 상관말고 5로 누르는 것이 맥이다.

이어서——

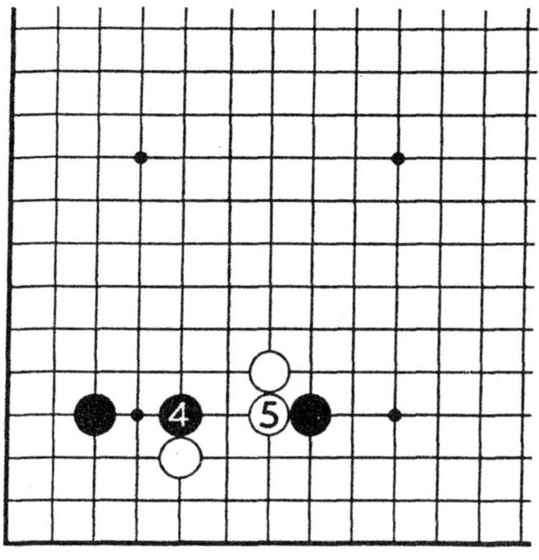

1 도

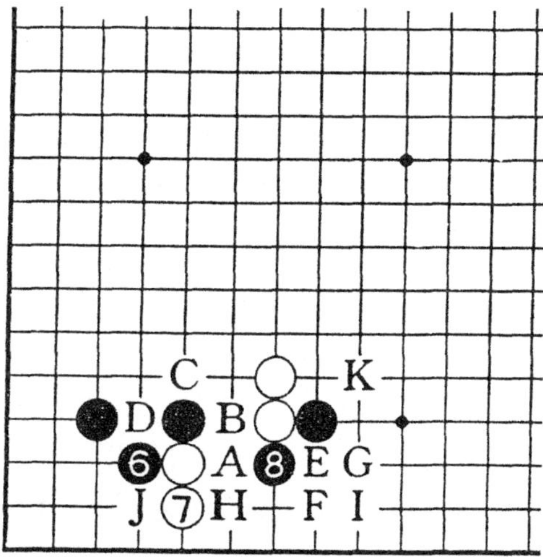

2 도

2 도 (받는 맥)

또 흑도 6 부터 누르는 것이 바른 맥이 된다. 이 수에서는 흑A로 젖혀내고 싶겠지만 백B로 끊기고, 흑6은 백7로 끼워져 흑8 때 백C의 단수를 살린다. 더욱 흑D에 백E, 흑F, 백G, 흑H, 백I, 흑J로 두 점을 취하는데, 흑K로 요석이 취해지는 것은 흑의 쓰린 갈라치기가 된다. 흑8 뒤——

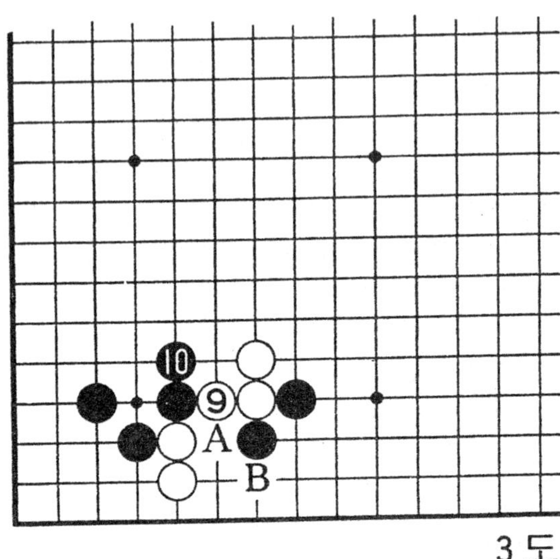

3 도

3 도(바른 놓기)

백 9 로 놓고(백 A가 아니다) 흑10으로 교환하는 것이 바른 놓기이나, 이 주위의 놓기도 잘 감각적으로 익혀두는 것이 중요하다.

백 9 로는 A로 붙여 흑에 B로 내려진 다음 백 9 로 잇거나 하는 사람이 적지 않다. 이렇게 하는 것은 흑10으로 뻗어져 백은 공배만을 놓는 형이 된다. 이것으로는 이길 수가 없다.

백 9, 흑10으로 교환하여 ——

4 도(일단락)

백11로 끊는 것이 바른 것이다.

이것으로 일단락인데, 흑부터 A로 단수하는(백B, 흑C, 백D) 것이 큰 수이다. 따라서 백부터 A로 뻗는 것도 큰 수가 된다. 그 외 귀를 흑E로 누르는 것도 흑D의 내리기를 보아 강력한 수이다.

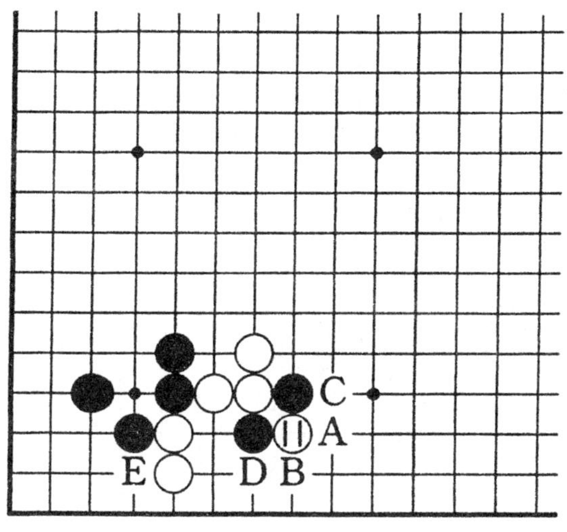

4 도

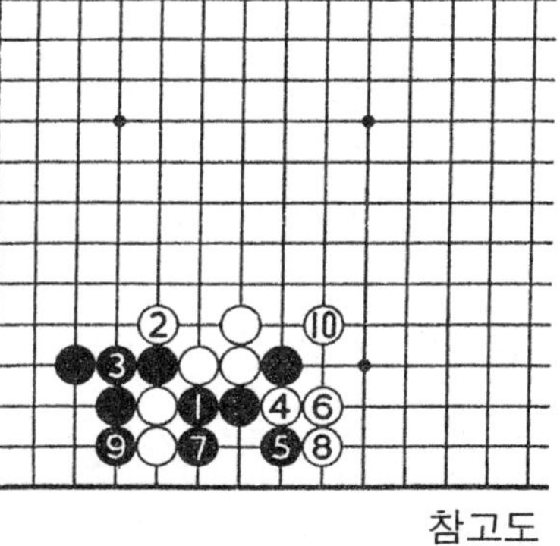

□ 두 점을 취해도

3도 백 9 때 흑부터 같은 도 A로 끊는 수가 있다——라는 것을 알아차린 사람은 훌륭하다. 그러나 실은 그 끊기가 상당한 악수가 되는 것.

참고도 (돌을 취하여 손해)

참고도

흑 1을 끊으면 어떻게 되는가를 나타내었다. 백 2의 단수를 살린 이상 백 10까지로 두껍게 놓인다.

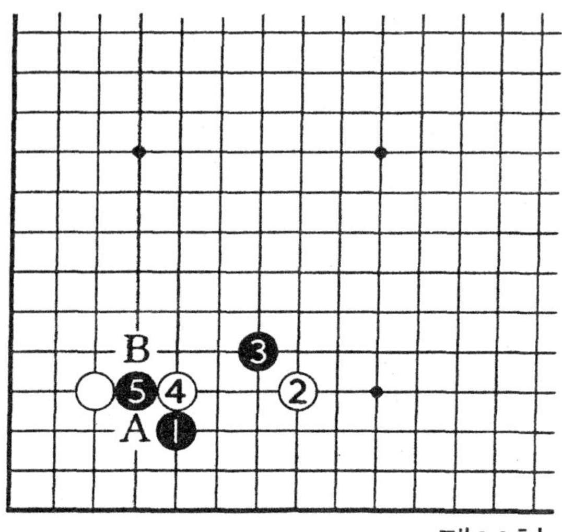

제24형

○제 24 형

백 2 의 두 칸 높이 끼우기에 흑 3 으로 벌려 놓는 정석
이다.

백 4 까지는 전형과 거의 같으나, 거기에서 역 모오션으
로 흑 5 로 젖혀 넣어가는 것도 있는 것이다.

변화는 상당히 어렵지만 자주 놓여지고, 그 변화에 함축
성 있는 수가 상당히 있으므로 다루어 보겠다.

이 다음 백 A 라면 물론 흑에 B 로 뻗어지고, 백에는 뒤
에 놓을 수가 없다. 이어서——

1 도 (뻗기)

백 6 으로 단수하고 8 로 뻗는 수가 많이 사용되고 있다.

이 백 8 에서 백 A 로 누르는 것도 유력하지만, 흑 B 로 형
이 된다. 다음에 백 C 의 굳게 잇기라면 흑도 D 로 봉 잇기
를 하는 것이다.

백 8 에 이어——

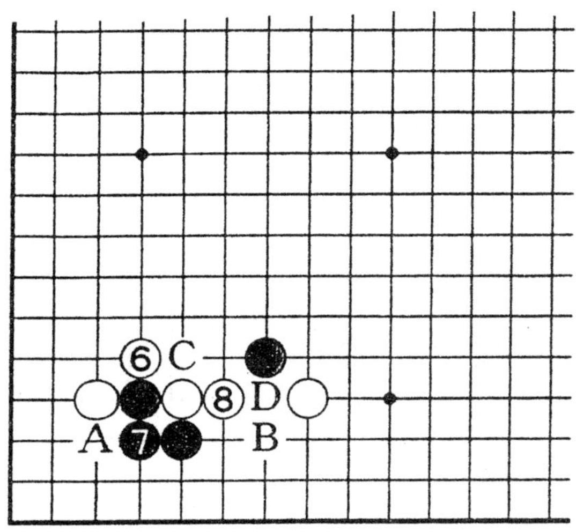

1도

◻맥 틀림

제24형 흑5의 수로,
참고도(한길 빗겨 있
다)

우선 흑1의 젖히기를
생각할 것인데, 백에 2
로 뻗어지면 맥이 이상
해질 것이다. 즉 붙여잇
기 정석으로 환원되는 것

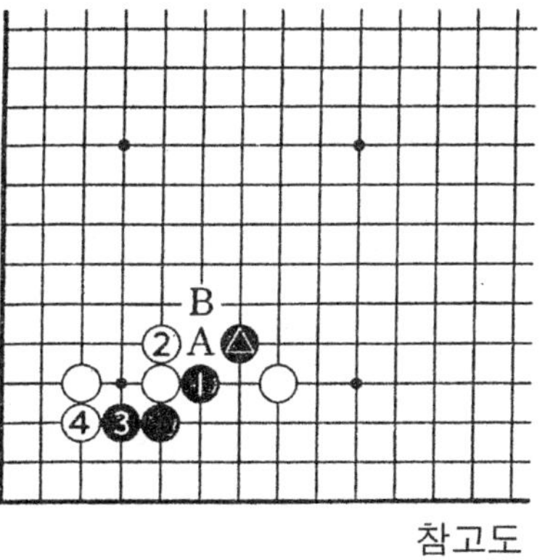

참고도

인데 본래라면 ▲의 한 점은 A의 누르기가 아니면 안된
다. 그리고 백B라면 흑▲에 구부리는 것이 바른 맥인 것
이다.

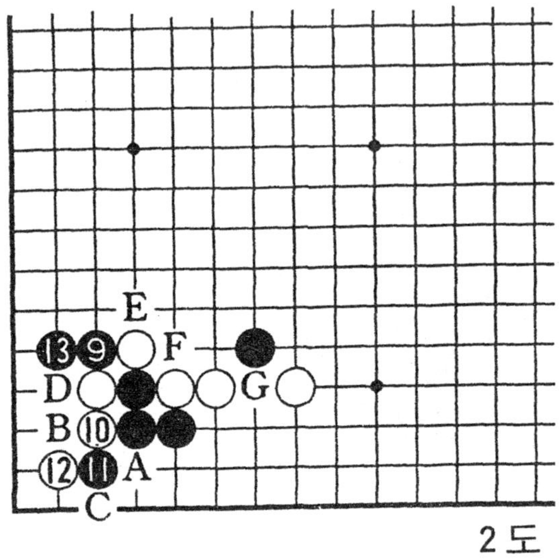

2 도

2도 (끊는 맥)

흑9로 끊는 것이 강력한 맥이다. 게다가 백10으로 넣어갔을 때 흑은 아래 세 점을 버릴 것을 생각해야 하는 것이다.

버리기 전에 흑11의 젖히기를 한 점 놓아둔다. 그리고 백12에 흑13을 살리는 것이다.

이전에는 이 다음 백A의 안기에 흑B, 백C, 흑D를 선수로 살리고, 백 두점 잇기에 흑E로 단수하여 백F 그리고 흑G로 내었던 것이다. 그러나 지금은 왼쪽의 흑B로 조이는 수는 그다지 크지 않다는 판단에서——

3도 (버림돌)

백14의 끊기에 흑15를 살리고, 흑17로 내붙이는 것과 같이 바뀌져 가고 있다.

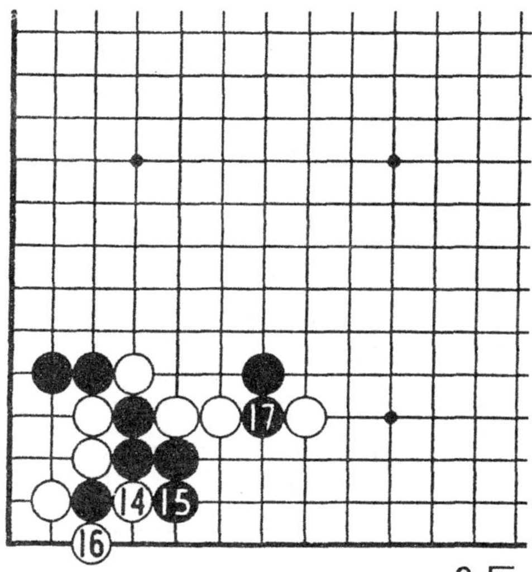

3 도

4 도

이어서——
4도 (흑은 두꺼운 맛)

백18의 나감은 당연한 것으로, 거기에서 더욱 흑 19로 내붙여 가는 것이다.

흑21까지는 선수이다. 흑 23의 봉쇄에 수를 돌린다. 백에 다섯 점을 주어 주위에 두꺼운 맛을 형성한다―이것이 흑의 작전이다.

또 이 다음 흑A로 눌러 넣는 수는 작지 않다. 그렇게 놓아두면 흑 B의 단수가 언제라도 살 것이기 때문이다.

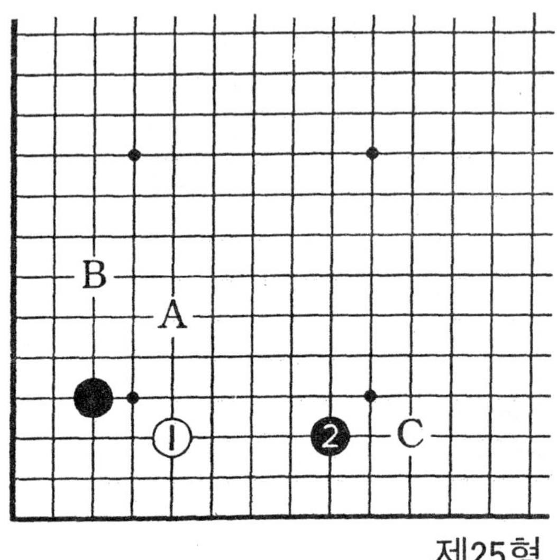

제25형

6. 세 칸 끼우기

○제 25 형

두 칸 끼우기와 함께 옛부터 사용되어져 온 정석이다.

백 1 의 걸치기에 대해, 오른쪽의 돌과의 관계로 흑 2 로 끼우는 것이 유효한 경우는 자주 있다.

백의 입장에서 보면 이 1 의 돌을 빨리 안정시키는 것이 현명할 것이다. 좀더 오른쪽과의 관계에서 백 A 로 뛰어 흑 B 에 백 C 로 끼우는 듯한 방법도 있다.

백이 일찍 안정되기 위해서는,

1 도 (백 안정)

백 3 의 마늘모 붙이기부터 가서 5·7 로 놓는 것이 현명하다. 이것으로 백에는 A 의 구부리기와 B 의 대비가 균형이 되어, 우선 죽을 경우는 없다. 또 흑 8 은 달리 C 로 놓는 방법도 있다.

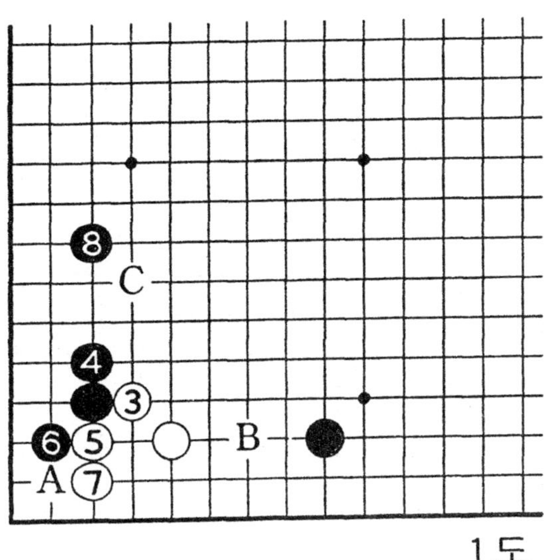

1도

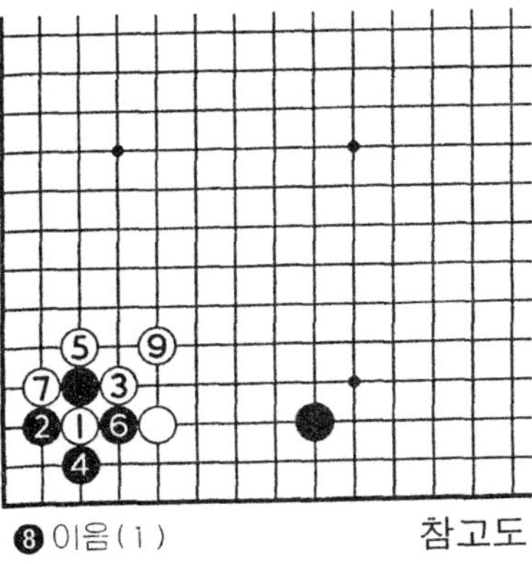

◇수순

1도 백3의 마늘모 붙이기에서,

참고도(강력한 젖혀 걸어올리기)

백1의 붙이기부터 가면, 백3 때 4로 젖혀 걸어올리는 수가 있다. 이것이 집에 박하고 상당히 강력한 수가 된다. 백9까지 정석인데, 백이 다소 무르게 보이는 것이 타당할 것이다. 이 갈림을 꺼려 백은 1도 3부터 가는 것이다.

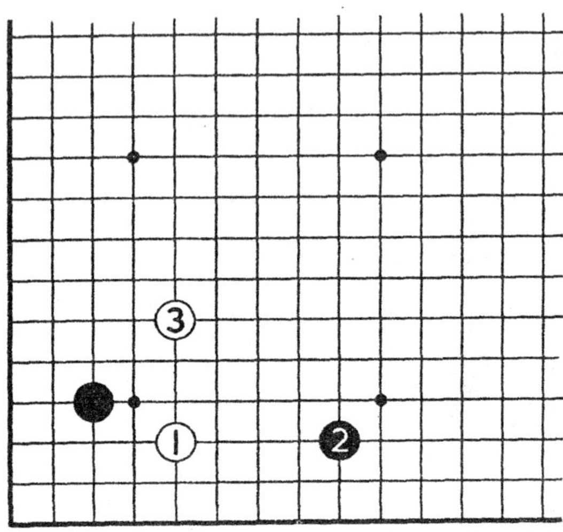

제26형

○제 26 형

백 3 으로 두 칸에 뛰는 정석을 다루어 보겠다.

이 두 칸 뛰는 수는 두 칸 끼우기, 두 칸 높이 끼우기등에서도 나왔었다. 그 변화 등에도 공통된 점이 있으므로 응용하도록 한다.

1도(일단락)

흑도 **4** 로 두 칸에 받고 있는 것이 안정된 수이다.

백으로써는 흑부터 공격하기(참고도 참조) 전에 어떻게 해서든지 끼워두고 싶다——라고 생각하면, 백 **5** 로 붙여 **7** 로 부풀리는 수로 정해가는 방법 외에 달리 방법이 없다.

흑 **6 · 8** 로 되젖히는 것은 집을 취한다.

백 **11** 의 단수는 중요. 흑 **12** 의 잇기에 백 **13** 으로 걸쳐잇는 것도 상법이다. 이하 흑 **16** 으로 연락하는 것인데, 백도 막을 수는 없을 것이다.

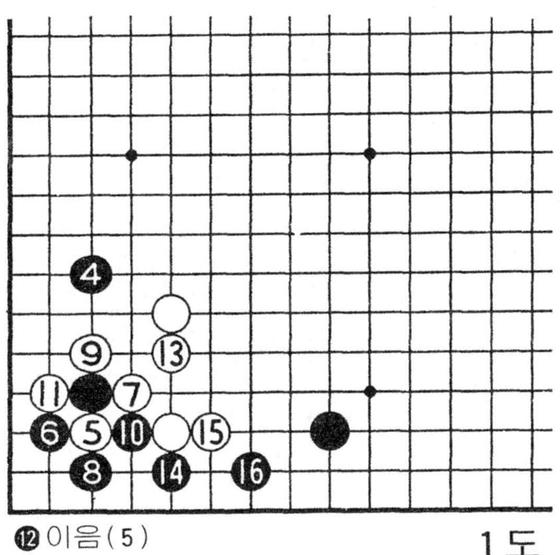

⑫이음(5)

1도

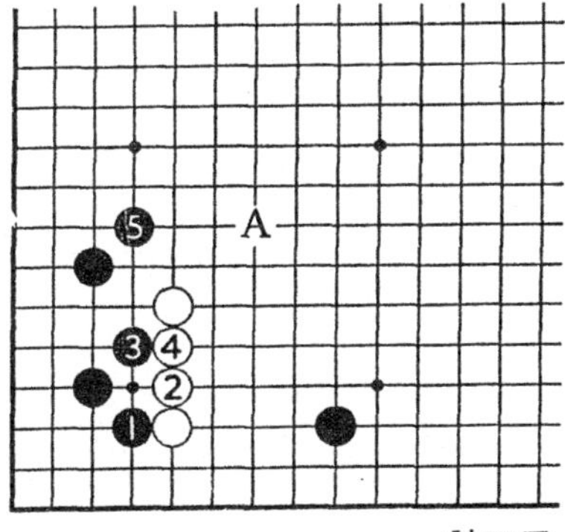

참고도

◇공격의 형

여러 가지 공격 방법은 있으나 귀의 걸치기에는 마늘모 붙이기부터 가는 수법이 자주 사용된다.

참고도(크게 공격한다)

1도 흑4에 백이 손빼기를 하고 있는 그림인데, 본도 흑1의 마늘모 붙이기에서 흑3·5로 크게 백돌을 공격한다. 백도 A 등으로 가볍게 중앙으로 도망쳐 내는 것이 된다.

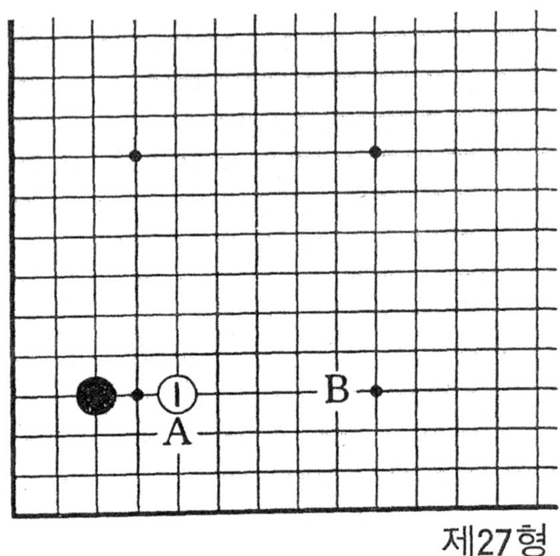

제27형

7. 한 칸 높이 걸치기 ── 아래 붙이기

○제 27 형

그러면 지금부터 백 1 로 한 칸에 높이 걸치는 정석에 들어간다.

이 높이 걸치기는 백 A 의 날일자 걸치기보다도 한길 높은 만큼, 중앙을 겨냥한 바둑에 있어서 보다 효과를 올릴 수가 있는 것이다.

1 도 (일단락)

흑이 실리를 중시하는 경우는 이 2 의 아래 붙이기가 보통이다.

백 3 으로 젖히면 흑 4 로 당기고, 이하 백 7 까지로 일단락이다.

도중 백 5 의 굳게 잇기에서는 최근 백 A 로 걸쳐잇는 정석 쪽이 많이 사용되고 있다 (백 7 은 B 도 있다).

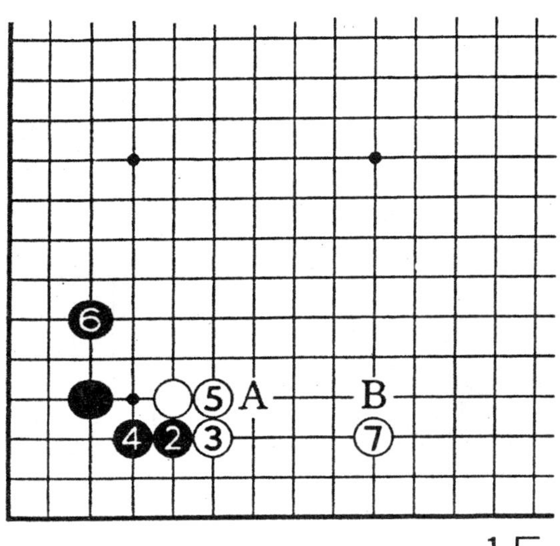

1도

◇지나친 놓기

본형 1도의 흑6의 뛰기는 준비로써 필요하다. 게으르게──

참고도(백의 두꺼운 맛 절대)

흑1로 끼워 공격하거나 하면 백2의 붙이기가 강력하여, 이하 백6

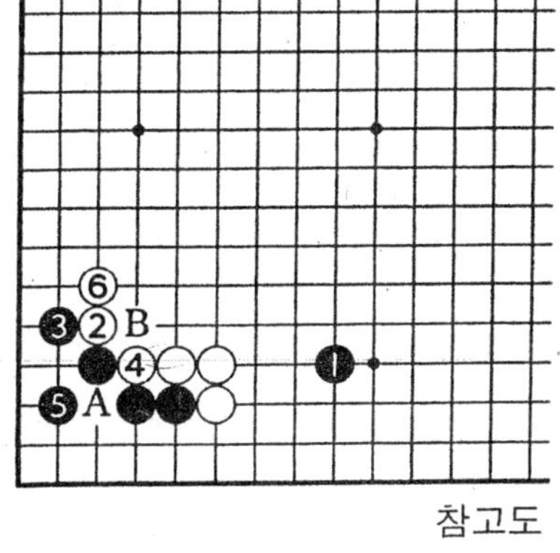

참고도

까지로 두껍게 놓인다. 이 갈림은 분명 흑에게 좋지 않다. 도중 흑5에서 흑6으로 단수하면 백A로 끊겨 흑B, 백5에 귀의 손해가 너무 크다.

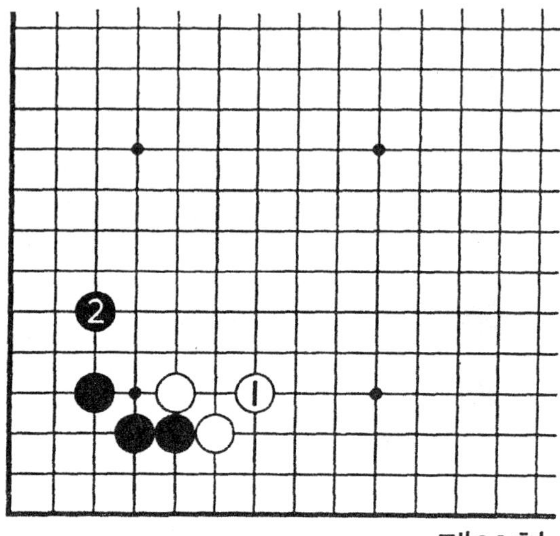

제28형

○제28형

　현재는 백1의 걸쳐잇기가 이른 느낌이지만, 그러나 단순히 가있는 것이 아니고 백1로 걸쳐잇는 것이야말로 흑2에 이어서——

　1도(일단락——호각)

　백3까지 벌리는 이치이다. 만일 백A의 굳게 잇기면 '2립3석'의 원칙대로 백B까지밖에 벌릴 수 없게 되는 것이다.

　백3까지 벌리는가, 백B로 머물러야 하는가는 중대한 기로가 된다. 따라서 단순히 유행이라는 것만으로 생각할 수는 없다.

　백3까지의 정석으로 일단락인데, 이 다음 흑C로 메꾸고 다음에 흑D의 넣기를 겨냥하는 것이 강렬하다. 메꾸기에 대해서는 백E로 뛰어 흑D의 넣기에 준비하는 것이 될 것이다.

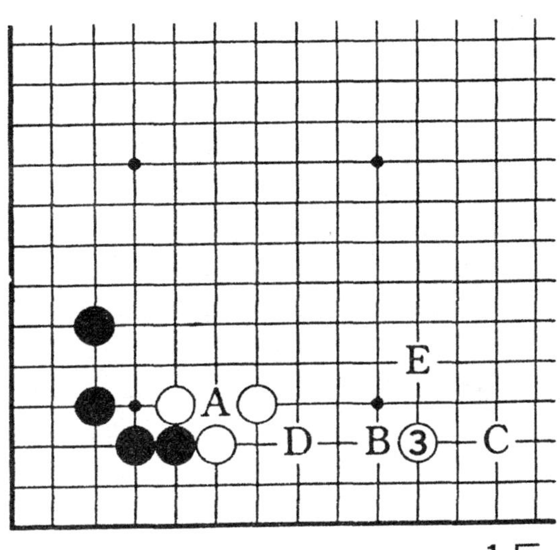

1도

◇ 흑의 반발에 대항

상형 흑2는 당연한 것으로 아무런 설명도 필요없지만——

참고도(흑의 무리한 맥)

흑1로 끼워 반발해 갈 때 백은 어떻게 하면 좋을까—그 대응 방법을 나타내 두겠다.

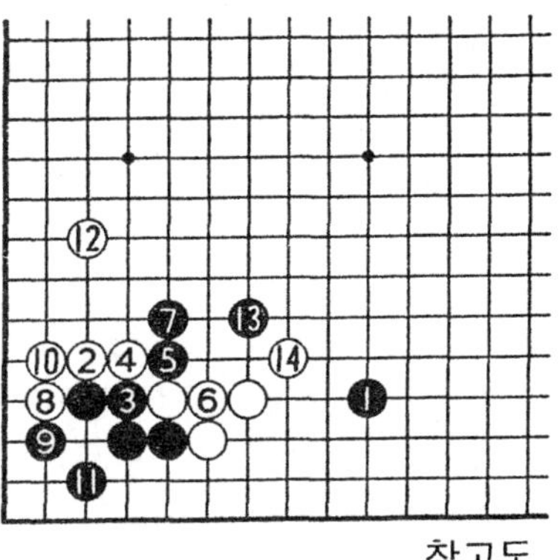

참고도

흑1 이하의 수단은 다소 무리한 맥으로 백14까지가 되어, 흑은 2분되어 괴로운 싸움이 될 것이다.

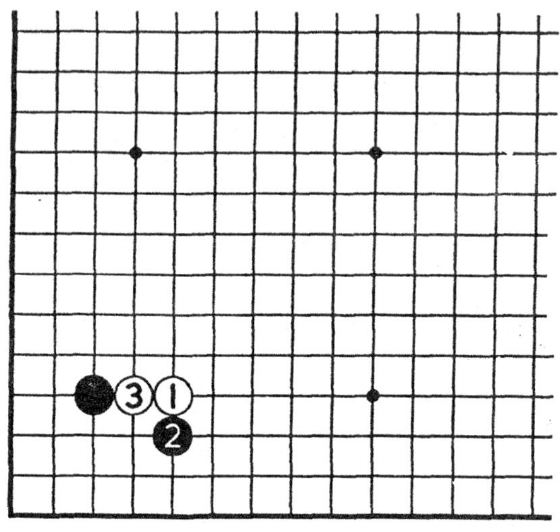

제29형

○제 29 형

소위 '눈사태 정석'인데——

이 백 3 으로 흑에 기대어 간 자세를 눈사태에 비유한 것이다.

1 도(기로)

흑 4 는 이 한 수. 백은 5 로 젖히는 것인데, 여기에서 흑은 중대한 기로에 세워진 것이다. 즉,

(1) 흑 A 로 단단히 잇고 있다.

(2) 흑 B 로 2 단에 젖힌다.

(3) 흑 C 로 머리쪽을 젖힌다.

(4) 단순히 흑 D 로 뻗고 있다.

이렇게 대충 보아도 이 정도의 변화가 있는 것이다. 게다가 각각의 수에는 상당히 어려운 변화를 동반하는 것도

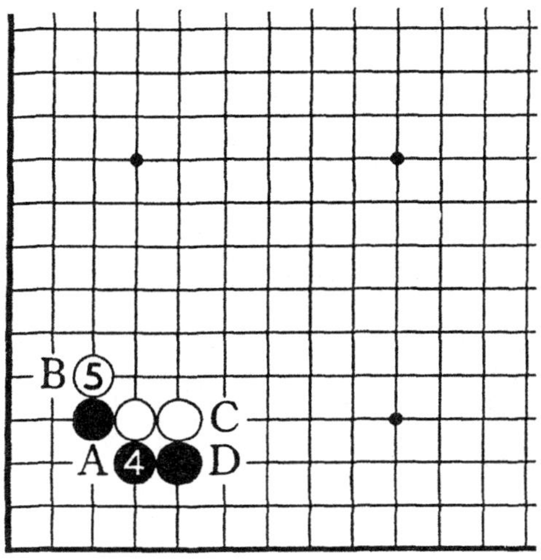

1 도

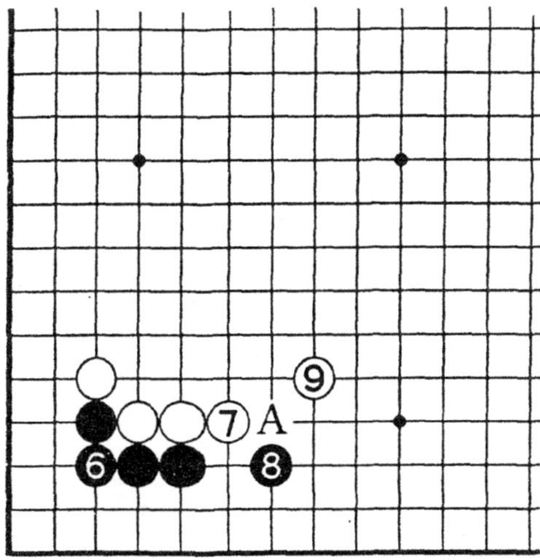

2 도

있다. 그러므로 보통 때의 정석 공부에 의해, 실전에서 그들 중 어느 것을 사용해야 할 것인지를 알 수 있어야 하는 것이다.

2도 (간명한 변화)

우선 흑6으로 단단히 잇는 정석을 나타내 두었다. 백7은 절대. 이것을 흑에 젖혀지면 바둑은 끝장이다. 흑은 여기에서 8로 뛴다.

이어서 백9의 날일자가 모양 형성에 있어 뺄 수 없는 수가 된다.

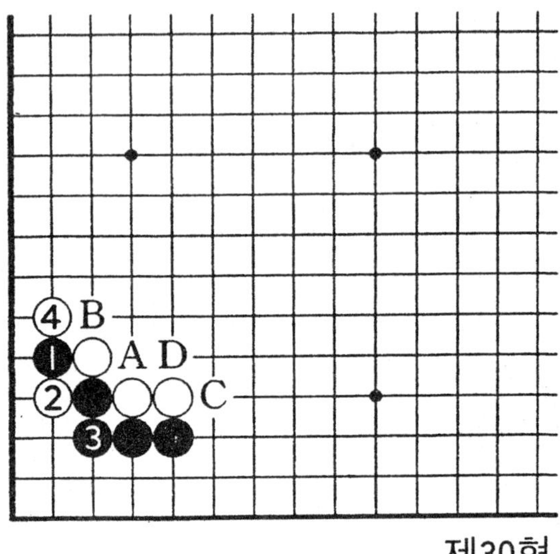

제30형

○제 30 형

그러면 이어서 흑1로 아래를 2단에 젖히는 정석 설명
에 들어간다.

백은 이에 대해 상식적으로 2로 끊고 4로 안아 좋은
것이다. 이어서 흑A로 끊으면 백B로 잇고, 흑C의 단수
에는 백D로 흑이 좋을 대로 되어 좋은 것이다.

또──

1도 (일단락)

흑5로 젖히면 백6으로 붙여 잇고 있다.

이 형, 흑부터 A로 붙이는 것이 급소에 해당한다(참고
도 참조).

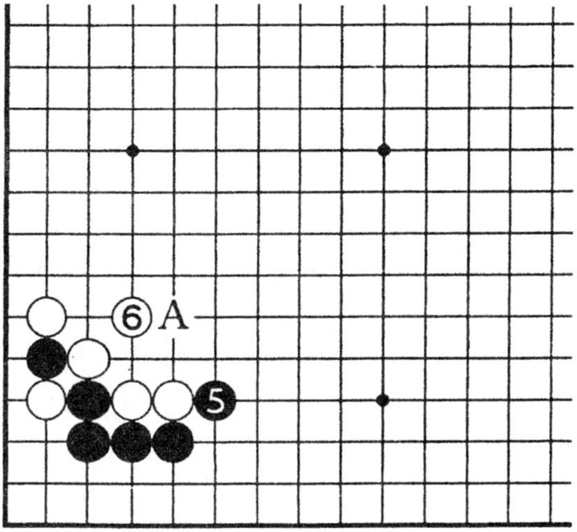

1 도

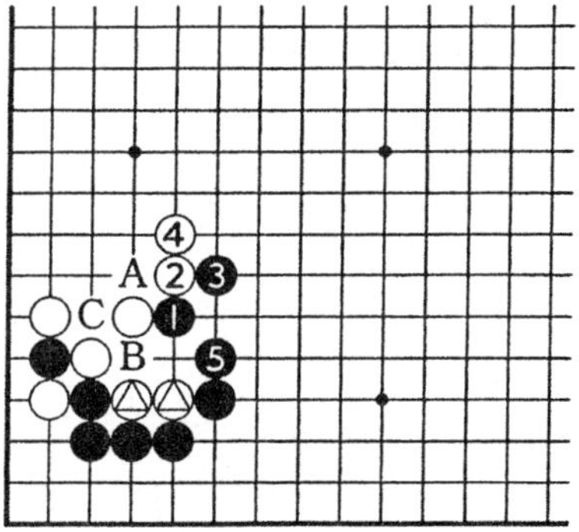

참고도

◇ 경우에 따라서는 버린다

1도 뒤의 놓는 방법의 일례를 나타내 둔다.

참고도(1도 뒤)

흑1의 붙이기가 급소. 백2에서는 때로 A로 뻗어가는 경우도 있다. 흑5에 대해서는 △의 두 점을 버리고 놓는다. 흑B로 두 점을 취해 주면 백은 C로 붙여 좋은 것이다.

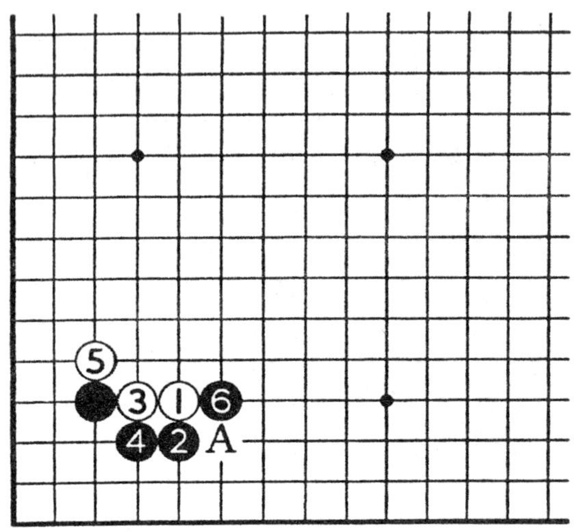

제31형

○제31형

작은 눈사태 정석에 들어간다.

백5로 젖혔을 때 흑6으로 머리쪽을 젖힌 데서 파생하는 정석을 작은 눈사태 정석이라고 부르고 있다.

흑6으로 젖혀간 이상 A의 점에도 끊는 맛이 남아 있으므로——

1도(끊어내리기)

백7로 끊어 9로 내리는 것이 최강의 버팀이다.

백이 10으로 눌러넣으면 끝장이므로, 흑도 10으로 구부려 버틴다. 백은 방치할 수 없다. 흑A에 멸해 버린다.

그러면 백은 어떻게 준비하면 좋을까.

2도(끊기를 서두른다)

백11의 걸쳐잇기가 좋은 수이다(이 수에서는 축 관계

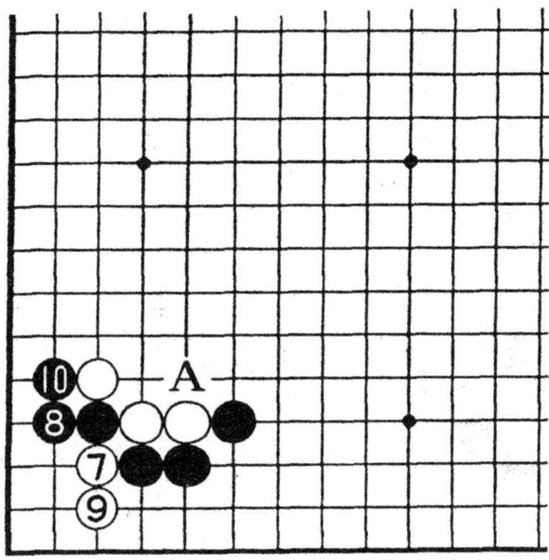

1 도

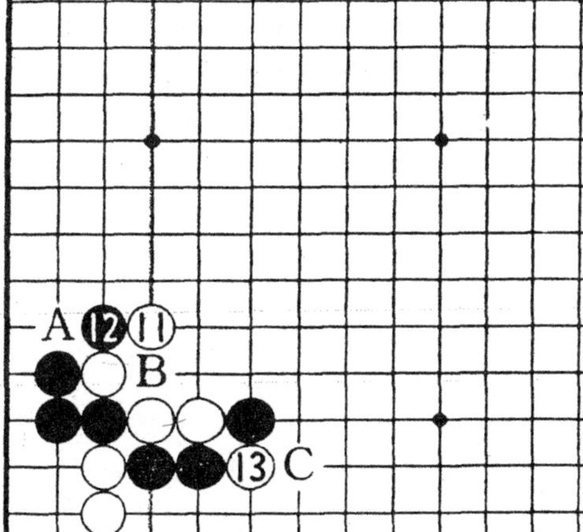

2 도

에 따라서는 백 12로 뻗는 것이 좋다— 다음 형 참조).

백11은 백 A의 누르기를 보고 있다.

혹도 눌려져서는 안되므로 12로 단수. 단수한 순간에 백13으로 끊는 타이밍이 중요. 혹12에 대해 백B로 붙이면 혹C로 걸쳐 이어져 귀의 백 그 두 점은 취해질 모습이 되어 버린다.

요컨대 백11은 백13으로 끊을 찬스를 잡기 위한 보조 수단이었던 것이다.

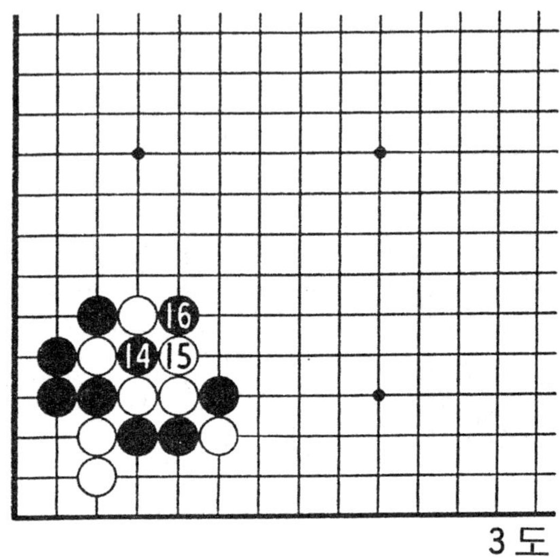

3 도

3 도 (강한 끊기)

혹은 14로 빼어 백 두 점을 단수, 백15로 도망쳐 낼 때에 더욱 혹16으로 끊어 단수하는 것이 강력한 수이다.

전도 백13으로 끊기를 서두르지 않으면 안되는 것이었다. 그 응수가 혹14·16의 수로 나타난다. 그러나 그것은 어쩔 수 없는 것이다.

4 도 (일단락)

백 17로 도망쳐 내는 것이 정착(참고도 참조)

혹은 여기에서 18을 빼는 한 수인데, 백도 19로 맞좋게 빼어 일단락이 된다.

실리적인 점에서는 다소 백이 낮지만, 흑이 윗쪽의 모양 형성에 힘을 쏟고 있는 국면이라면 이 정석도 유력할 것이다.

이 정석 다음 부분적으로는 혹A로 걸쳐가는 것이 호점이다. 백은 겨우 B 정도일까?

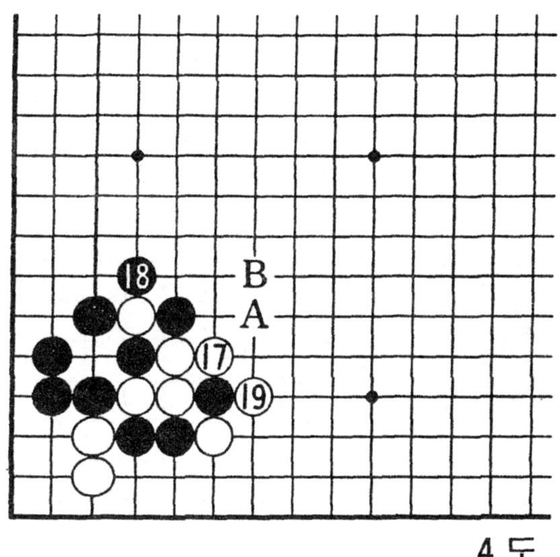

4 도

⬚수 박자에 주의

3 도 흑16 으로 끊어 졌을 때에,

참고도 (전멸)

수 박자로 백1로 패를 다시 취하고 싶어진다.

그러나 흑부터 2로 단수하면 전멸당할 상황을

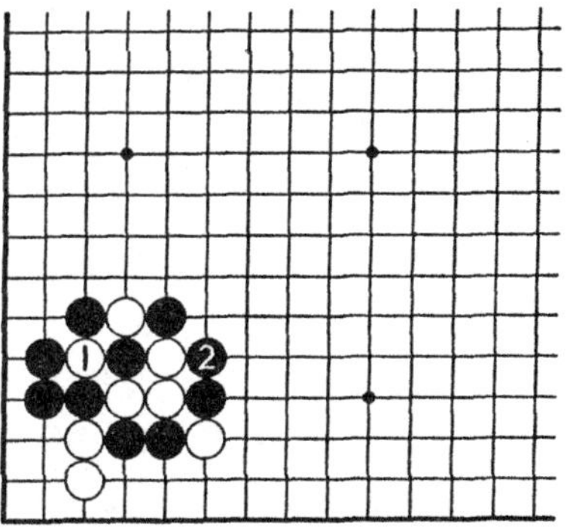

참고도

만나고 만다. 이런 상황에서는 조금 주의하여 읽으면 간단히 알아차릴 수 있을 것이므로 틀리지 않도록 주의하기 바란다.

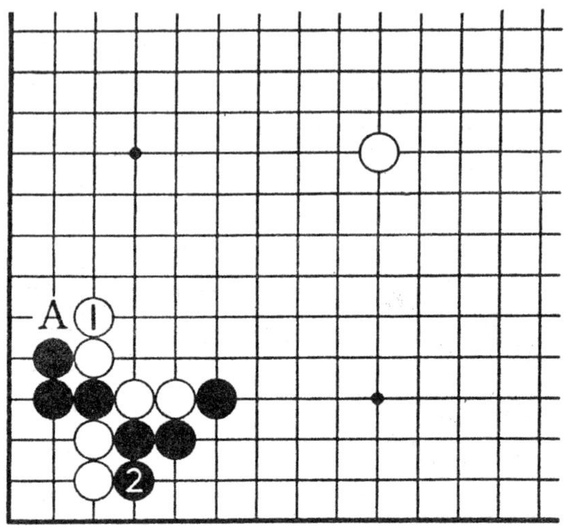

제32형

○제32형

전형 2도 백11의 걸쳐잇기로, 본도 백1로 뻗는 무서운
수가 있다. 단 축 관계가 백에게 유리한 경우만—— 이라
는 단서가 붙는다.

흑도 2로 눌러넣는 정도이다. 여기에서 그만 A로 젖
히거나 하면 큰 사건이 일어난다(참고도 참조).

1도(일단락)

백은 3으로 끊는다. 흑은 4의 단수, 6의 서기를 이용
하여 8의 두 점을 취하는 수를 돌린다.

귀는 흑의 집이 되었으나 흑6으로 ▲의 두 점이 떠
오른 모습이 되기 때문에 백이 재미있을 듯하다.

축 관계가 백에게 좋은 경우에는 흑의 작은 눈사태 정
석의 채용은 다소 문제일지도 모른다. 이것을 명심해 두
기 바란다.

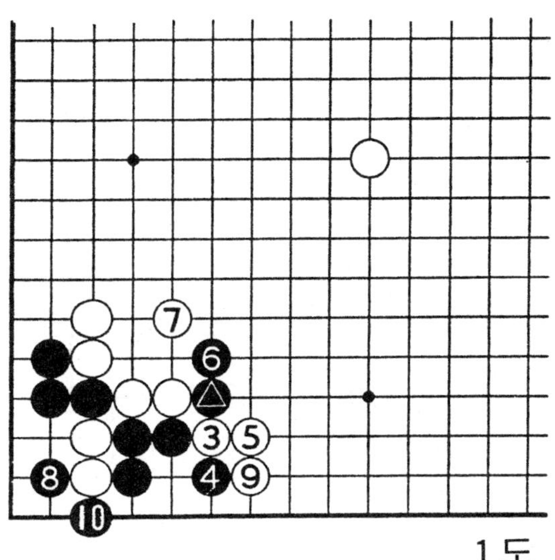

1도

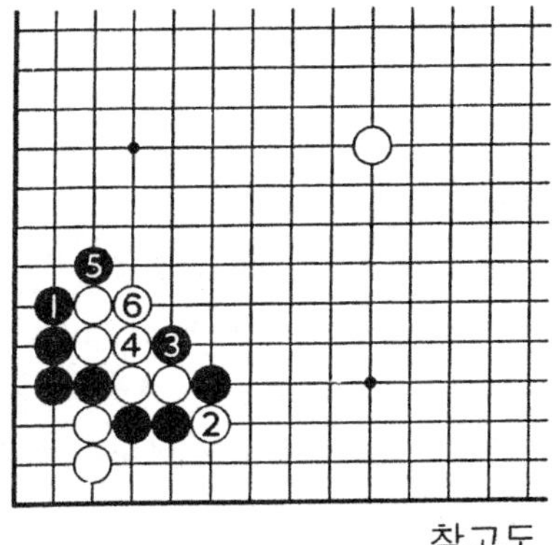

참고도

◇축 관계에 주의

제 32 형 백 1 의 뻗기가 되면,

참고도(흑 지리멸렬)

흑 1 로 뻗을 듯하다. 그런데 축이 백에게 좋기 때문에 2 로 끊기면 흑은 지리멸렬 상태에 빠진다. 즉 이 뒤 흑 3 에서 5 로 단수를 걸어도 축이 좋기 때문에 잡히지 않는다. 흑으로써는 구제될 길이 없는 상태이다.

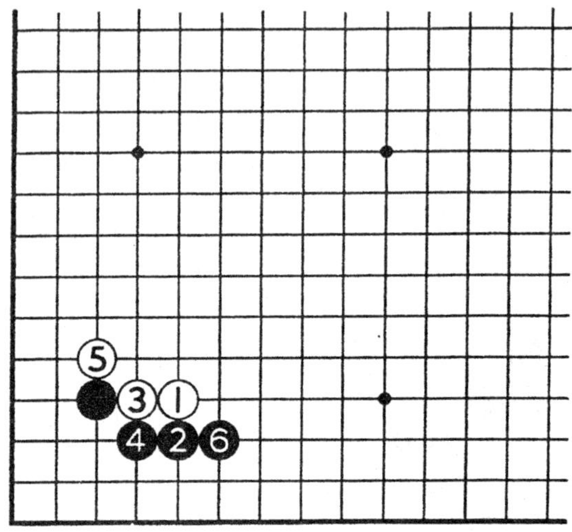

제33형

○제33형

큰 눈사태 정석에 들어간다.

백3·5의 눈사태에 대해 흑6으로 뻗는 것은 평온한 수 처럼 보여도 실은 상당히 강력한 변화를 포함하고 있는 것이다.

백으로써 평온한 놓기는,

1도(가벼운 천원으로의 전개)

단순히 백1로에 천원에 벌려두고 있는 수인 것이다. 이렇게 벌려둔 다음 백A로 단수, 흑B에 백C로 걸쳐이어 형을 정돈하는 것이다(**참고도** 참조).

흑으로써는 그렇게 간단하게 안정되어서는 곤란하므로 흑A로 내려 백의 응수를 묻는다.

백으로써는 아래쪽의 △의 두 점은 이미 볼일이 끝나, 경우에 따라서는 버려도 좋은 것이다(△은 흑을 아래쪽으로 눌러붙이는 역할을 하고 있으므로 일이 끝났다 생각함)

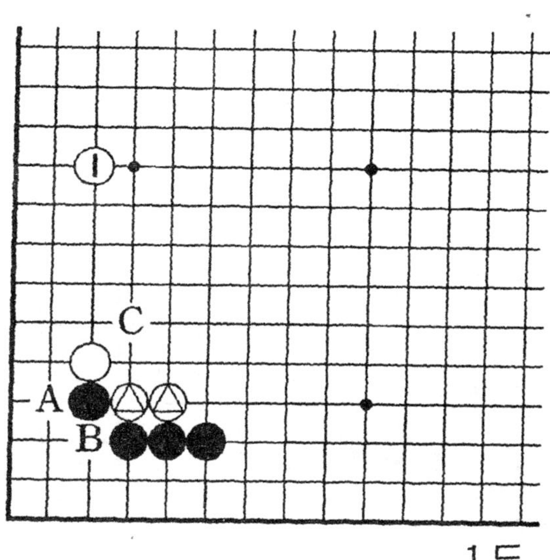

1 도

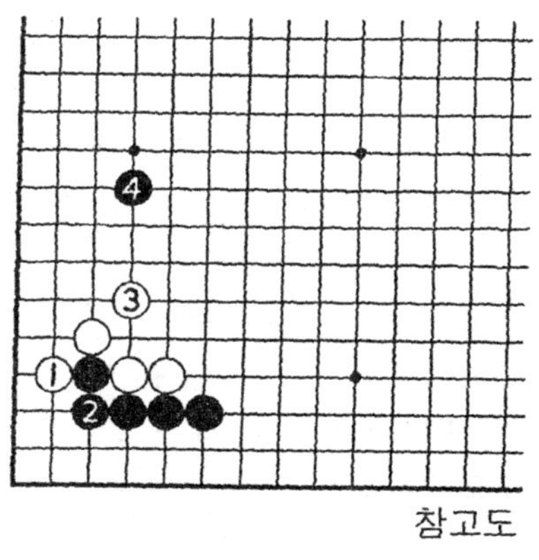

참고도

◨백의 무거운 놓기

1 도 백1 의 벌리기에서,

참고도(정형은 했던 것 ······)

백1 · 3 으로 정형하고 싶은 곳인데, 그러면 흑에 4 로 공격당한다. 이렇게 되면 백 3 까지 이루어진 형은 무거워 앞으로의 발전에 장해가 될 것 같다.

이렇게 되지 않도록 1 도 백1 에 선착하는 것이다.

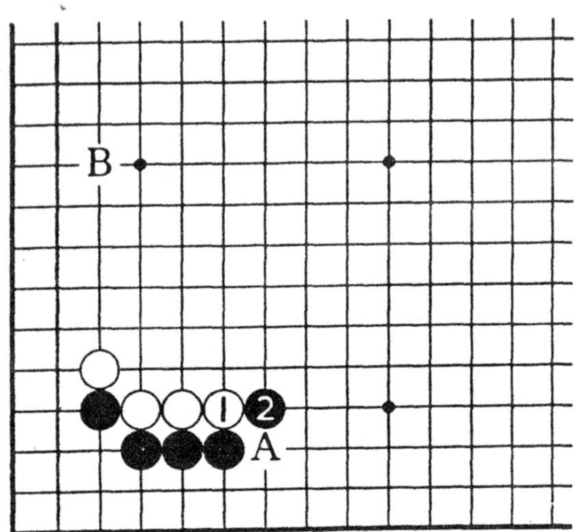

○제 34 형

전형을 백이 불만이라고 느끼면, 백으로써는 여기에서 일전 맞붙는 수밖에 도리가 없다. 그 한 방법이 이 백1로 누르는 수이다.

흑이 A로 뻗는 것은 다소 대범하여 백에 B로 전개되어 불충분하다. 역시 흑도 2로 젖혀져 가야 할 것이다. 흑2로 젖혀지면 흑의 형에는 A의 점에 끊는 결점이 생긴다. 그곳을 겨냥하여 백부터,

1도(결점을 겨냥하여)

3으로 끊고 5로 내린다.

여기에서 흑의 놓기가 두 갈래로 갈라진다. 하나는 흑A (이것을 안 구부리기라고 한다), 또 하나는 이 흑6 (밖 구부리기)의 구부리기이다.

이 흑6 은 고래에 있었던 변화인데, 그 중에서 최근 정착한 기본 정석을 다루어 보겠다.

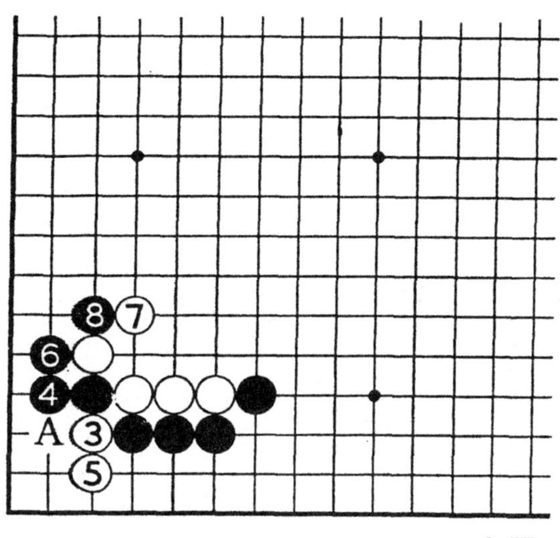

1도

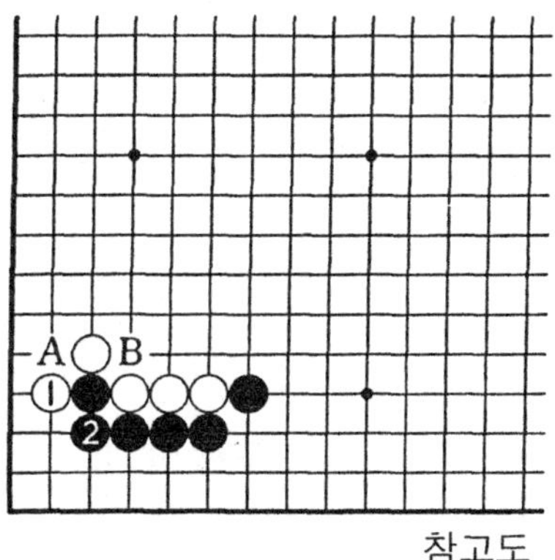

참고도

◇상대를 굳히는 도움

어디에나 상관없이 단
수를 거는 사람이 있다.
　참고도(자신에게는 상
처가 남는다)
　제34형 흑2로 젖혔
는데, 자주 여기에서 백
1로 정하는 사람을 볼
수 있다. 이것은 흑에 2
로 이어져 흑을 안심시키게 되고, 게다가 자신은 A,B에
상처를 남기므로 비교적 좋지 않은 놓기라고 할 수 있다.

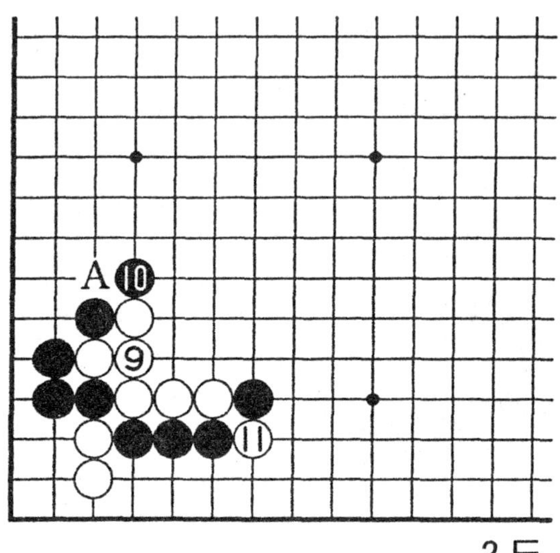

2 도

2 도(늦추지 않는 공배 메꿈)

백 9 로 이어 버틴다.

이에 대해 흑10이 또 강하게 저항한다. 이때 흑A로 늦추거나 하면 백11로 끊겨 흑은 반 무너짐이 된다.

흑10에 대해 백A로 곧 끊는 수는 있으나, 서둘러 끊지 말고 유보하고, 아뭏든 백11로 끊는 것이 선결.

이어서——

3 도(세 점을 버린다)

여기에서 흑은 아래쪽의 세 점을 버리고 놓는 방침이다. 12의 서기가 그 제 1 보

백13으로 취하러 간 때 흑14로 단수. 백A로 내리면 흑15 로 잇는 것이다. 이것도 정석이다.

여기에서 백15 로 끊기를 한 점 넣어두는 것도 나중의

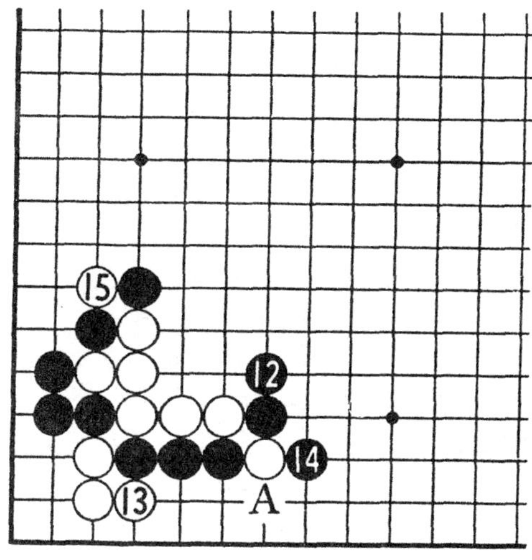

3도

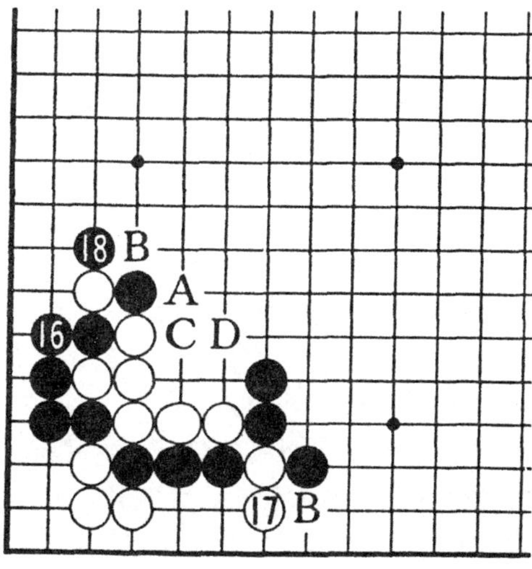

4도

그 맛을 생각하면 결코 손해보는 수는 아니다. 이 다음——

4도(일단락)

흑16으로 이은 때에 백17로 내리고 있다. 흑18로 안아 일단락이 된다.

초보자들이 보면 어째서 백A로 단수하지 않는지 의문스러울지도 모른다. 그러나, 그것은 흑에 B로 이어져 또 흑부터 C로 끊을 여지가 남기 때문에 후수가 된다(백D로 붙여잇지 않으면 안된다).

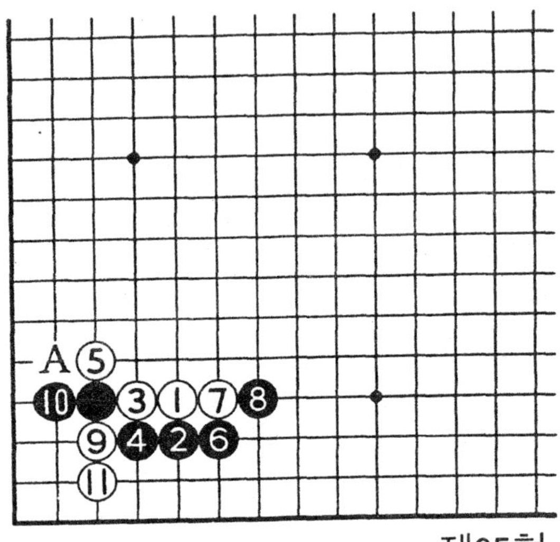

제35형

○제35형

큰 눈사태 정석으로 소위 '안 구부리기 정석'이라는 것
이 있다. 20수 년 전이 되는데, 吳淸源 9단이 처음 놓아
바둑계를 깜짝 놀라게 했다.

백3·5의 눈사태에서 시작하여 백11까지는 전형과 같
다.

여기에서 흑이 A로 밖으로 구부렸는데, 그것을——

1도(안 구부리기)

흑1로 안에 구부린 것이다.

이 수가 吳9단에 의해 놓여질 때까지 이런 수는 없다
고 생각되어져 왔던 것이다. 그러나 실제로 놓아보면 이
것이 상당한 위력을 갖고 있는 것이라는 것을 알 수 있다.
이래 이 안 구부리기 정석은 종래의 밖 구부리기 정석보

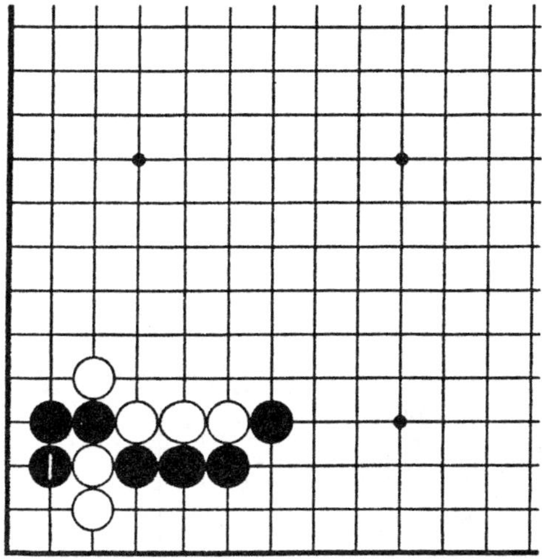

1도

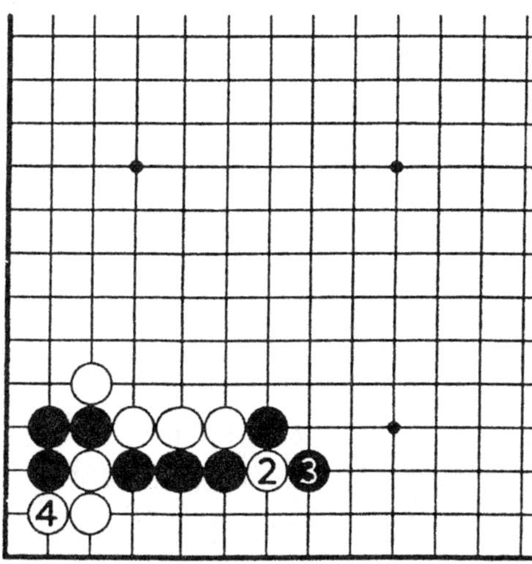

2도

다더 사용되는 케이스가 많아지게 되었던 것이다.

맨처음에는 여러 가지 변화가 있어 좀처럼 결정판이라고 할 수 있는 정석을 발견할 수 없었으나, 그 후 연구가 진행되어 가장 애용되게 된 것이 여기에서 다루어진 정석이다. 백은곧—

2도(수순)

한 점 2로 끊기를 넣는다. 그리고 흑3으로 단수했을 때에 백4로 구부리는 것이 바른 수순이다.

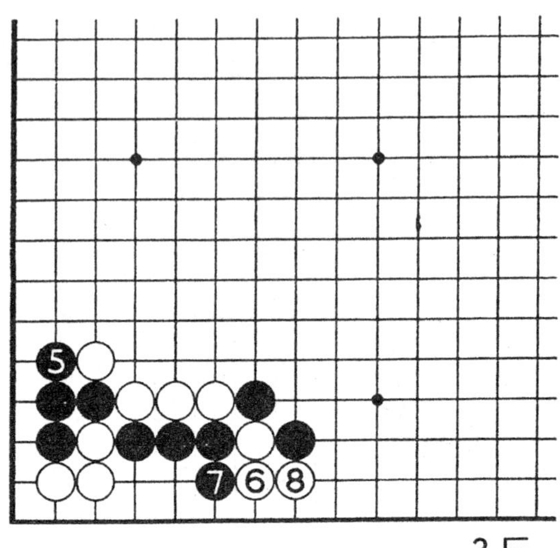

3 도

3 도(수순의 묘)

혹 5 로 구부려 두고, 백 6 으로 내리는 것이 좋은 수순이다. 이때는 혹 7 로 눌러넣는 방법 외의 별 도리가 없다.

백은 8 로 구부린다.

이어서——

4 도(쌍방 충돌)

혹 9 도 당연하다.

그리고 백10으로 단수하여 탈출을 기한다.

혹11은 어쩔 수 없다. 다른 것을 놓으면 백11에 취해져 버린다. 또 혹11에서 A로 잇는 것도 가능하지만, 백에 B로 눌러 올려져 옹색하다. 때문에 혹11로 서게 된 것이다.

백12는 '세 점 한 가운데' 형의 급소이다. 이것을 빼면 혹C로 끊겨 백D로 단수해도 혹12, 백E, 혹F, 백C, 혹G

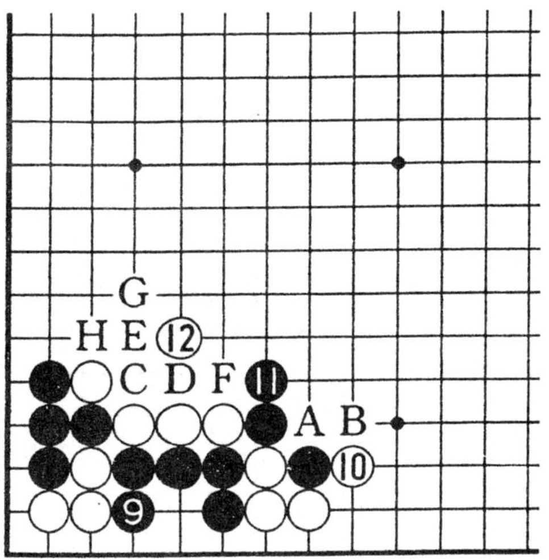

4 도

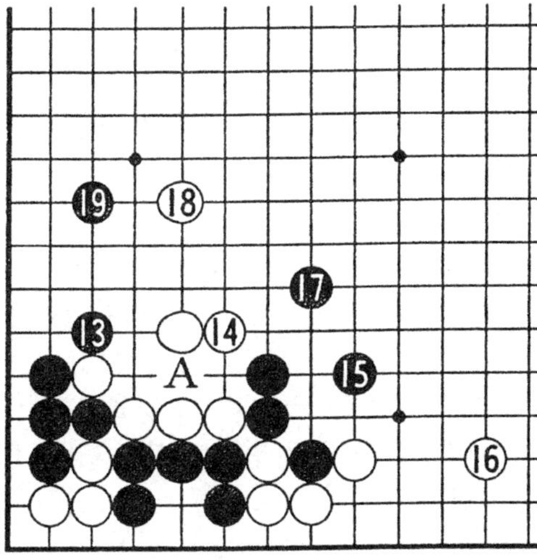

5 도

로 메꿔 붙여 축에 취해져 버린다.

흑으로써는 왼쪽 넉 점을 어떻게 하지 않으면 안된다. 백H로 내뻗어지면흑은 그 왼쪽 2선을 뻗지 않으면 안된다. 그래서——

5도 (일단락)

흑13으로 젖혀 올린다. 백14는 절대. 빼면 흑A에서 '학의 둥지 돌보기' 로 취해져 버린다.

흑15·17 로 중앙의 돌을 정형하고, 흑19 까지가 되어 일단락이 된다.

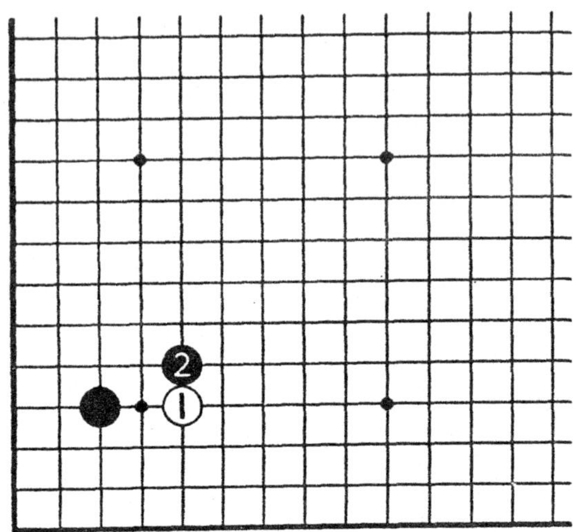

8. 위 붙이기

제36형

○제36형

그러면 다음에 위 붙이기 정석에 들어간다.

별명 밖 붙이기라고도 한다.

흑2가 그것인데, 이 수는 흑이 윗쪽(좌변)에 모양을 뻗으려는 때에 사용되는 수이다.

1도(고래의 정석)

'붙이기에서는 젖혀라'로, 백3으로 젖힌다.

흑4에서는 A로 뻗는 변화도 있으나, 이렇게 당기는 것도 견실하다.

백5의 걸쳐잇기에 흑6·8로 붙여내리는 것은 고대부터 있던 정석이다. 백은 이 뒤 B에 벌릴 것인지 C로 뛸 것인지 상황에 따라 달라져 간다.

흑4 두꺼운 맛을 만들고, 6·8로 집을 만드는 다소 욕심이 많은 정석이다.

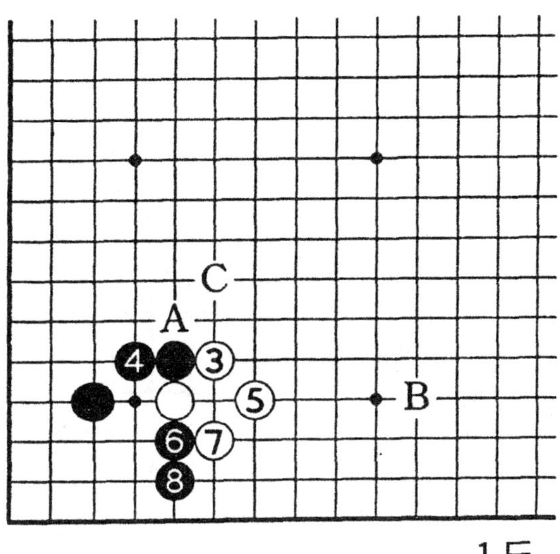

1도

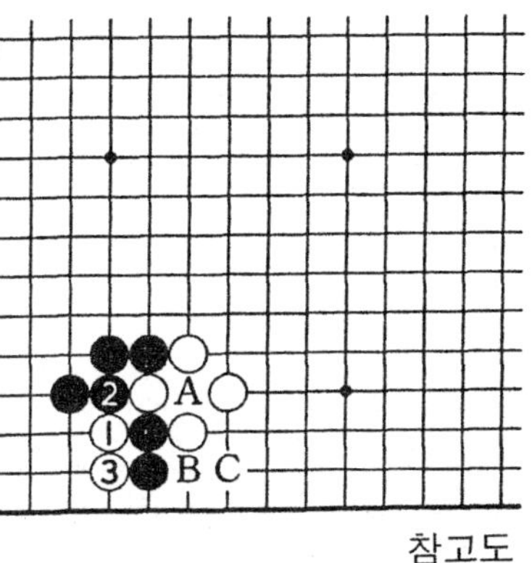

참고도

◇백의 나쁜 맛

1도의 정석은 흑이 움직이고 있는 만큼 엷은 맛이 있다. 그 하나가,

참고도(패 겨냥)

백1의 내젖히기 맛이다. 흑2로 끊고 백3이 되면 흑A로 취해 일단 패인데, 흑부터는 B로 구부려 백C에 흑A로 취하는 패재 등도 있어 곤란하지 않다. 흑2에서 3으로 응하면 무난.

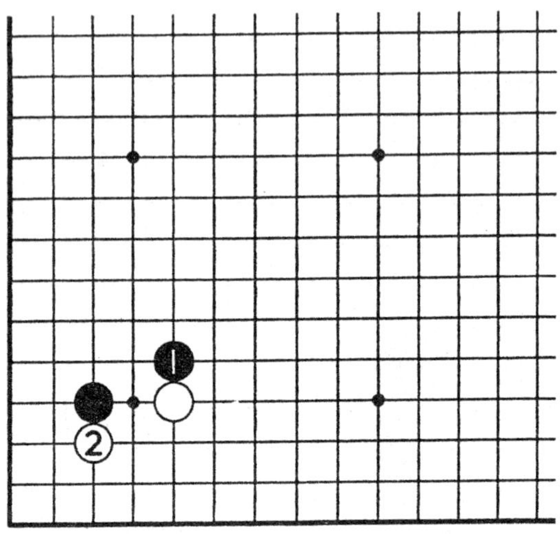

제37형

○제37형

흑1로 위에 붙인 때에 거역하지 말고 백2로 귀 쪽에 다시 붙여가는 수가 있다.

이 정석을 다루어 보자.

백2에 대해——

1도(백은 귀에 집을……)

흑3으로 젖힌다.

백4로 머리를 부딪치는 듯이 놓는 것은 좋지 않지만, 여기에서는 다른 방법도 보이지 않는다.

흑5에 백6으로 끊어간다. 백은 아뭏든 귀에 백의 집을 확보하려는 태도이다.

이에 대해 흑은 9에서, 11로 메꿔 붙이는 것에 의해 오른쪽(하변)에 모양을 형성하려는 것이다. 그런 이유로 백

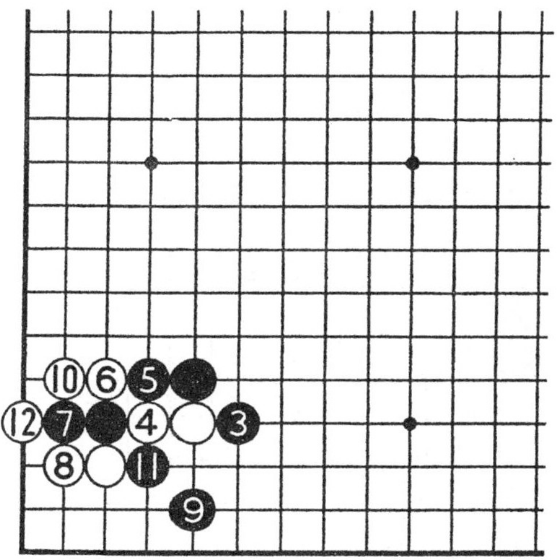

1 도

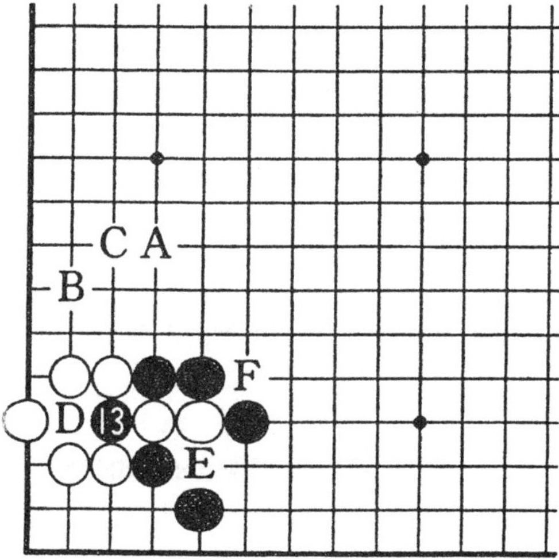

2 도

12의 두 점 취하기까지 진행되었다.

2 도 (일단락 —— 호각)

장래 흑부터 A로 뻗고, 더욱 흑B 등으로 놓이면 귀의 백도 겨우 살아나게 된다.

그리고 백부터 C로 두 칸에 벌리는 것이 상당한 호점이 되어 있는 것이다.

이 흑은 얼핏 보면 아무 소용도 없는 형을 하고 있지만, 백D라면 흑E, 백 잇기, 흑F라는 형이 되므로 표면상보다 의외로 단단하다.

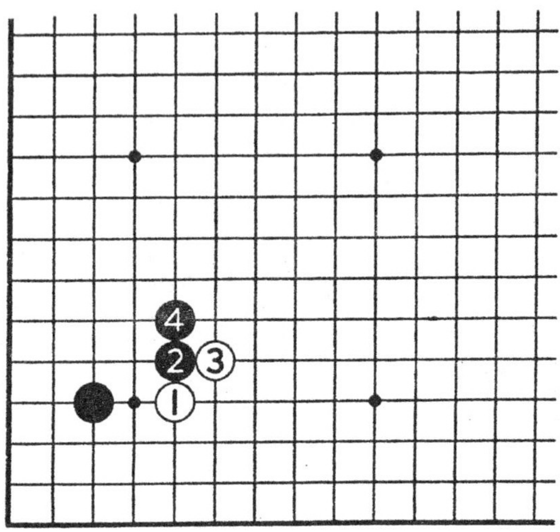

제38형

○제38형

흑2·4로 붙여뻗은 것은 윗쪽, 즉 좌변에 흑 모양을 형성한다──라고 확실히 선언한 것과도 같은 것.

과연 그것이 잘 될 것인지 백이 이에 어떻게 대응할 것인지 하는 것이 이 정석의 테마이다.

1도(쌍방 최강의 수)

전도에 이어 백5, 흑6은 필연적인 것인데, 여기에서 백7로 젖힌 것은 맹렬히 싸우려는 것으로, 백이 그런 기분이라면 흑도 8로 끊어 적극전에 임한다.

이런 접근전을 1보 늦추면 사방에 비세를 초래하므로 양보해서는 안되는 것이다.

여기에 백A로 단수하는 것은 흑에 B로 내려져 왼쪽의 백이 위험하다. 따라서 백은,

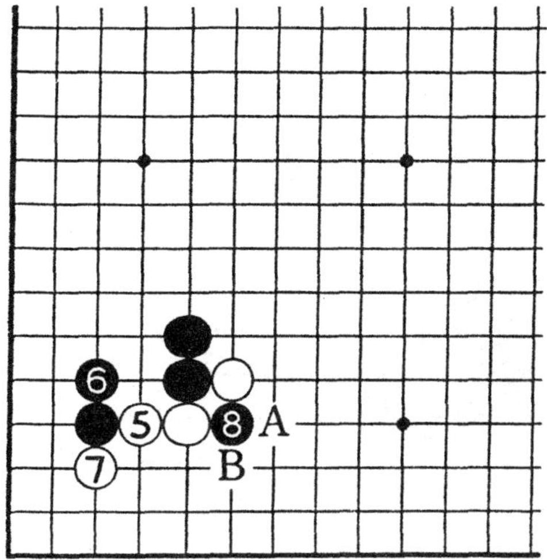

1도

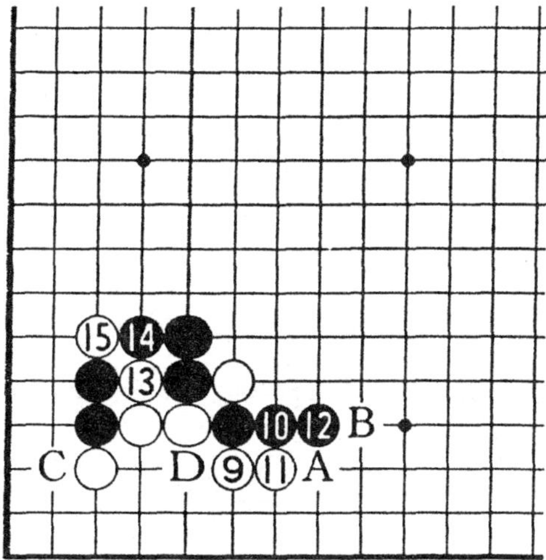

2도

2도(반격)

9로 아래에서 단수한다. 흑12에 더욱 백A로 뻗고, 흑B로 교환해도 결과는 그다지 변함이 없지만, 손해는 가능한 적게 ──라는 철책에서 본다면, 여기에서 곧 백13·15로 반격한다.

단 흑12에 백A, 흑B로 교환하여, 백C로 내려놓는 방법도 없는 것은 아니지만, 다소 적극성이 결여되어 있다.

백15의 끊기 다음이 또 다소 성가시다.

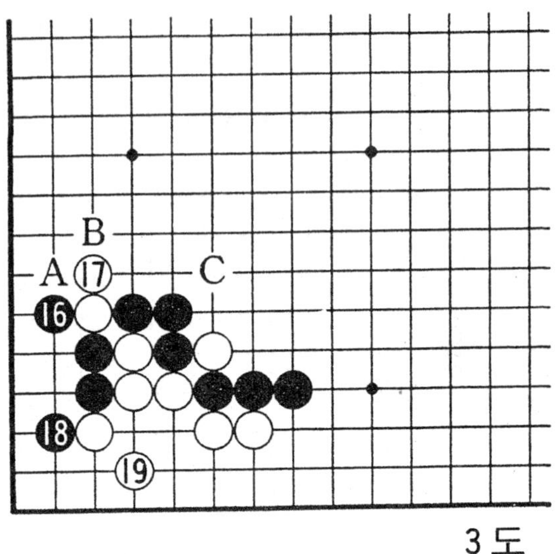

3 도

3 도 (받는 형)

흑은 16으로 한 점 단수, 18로 젖힌다(옛날은 한 점 혹 A로 뻗어 혹B로 교환했으나, 이것은 나중에 백C로 걸치는 수가 생기기 때문에 최근에는 놓이지 않게 되었다).

백19가 받는 형이다.

4 도 (변화)

흑은 20으로 뻗어 넣어 산 형에 붙는다.

백은 여기에서 한 점 21로 뻗고, 23으로 눌러 들어간다.

당연 흑은——

5 도 (일단락)

24로 이어 산다.

여기에서 백의 놓는 방법이 다소 성가시다. 한 칸에 뛰기에는 이미 한 점 백A로 뻗어, 혹B에 백C로 뛰어야 한다.

또 백 25로 날일자에 놓는 것이 보통이다.

이 다음 혹 D로 한 점을 봉하면 단단한 수인데, 그렇게 되면 백에 E로 준비 당하고 만다. 그러므로 혹은 백 25에 이어 곧 혹 F와 백의 세 점을 끼워 공격하게 된다.

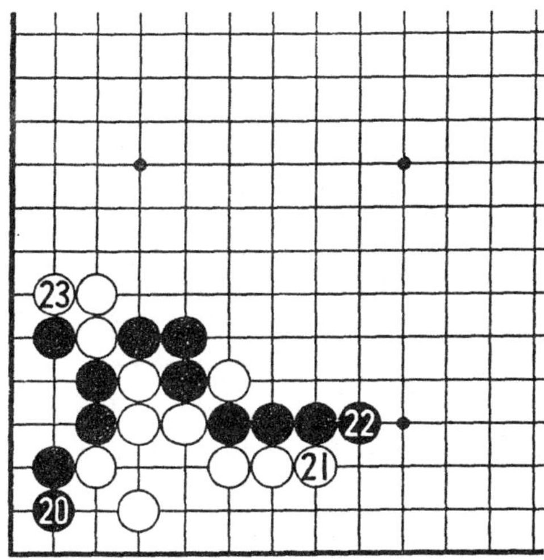

4 도

전문 기사

바둑을 직업으로 하는 기사를 전문 기사라고 한다.

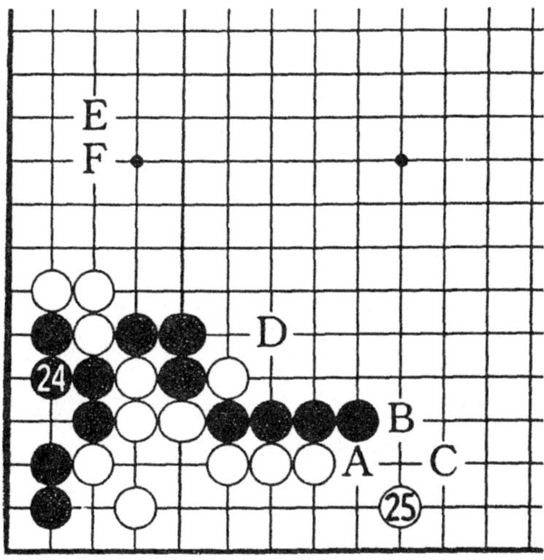

5 도

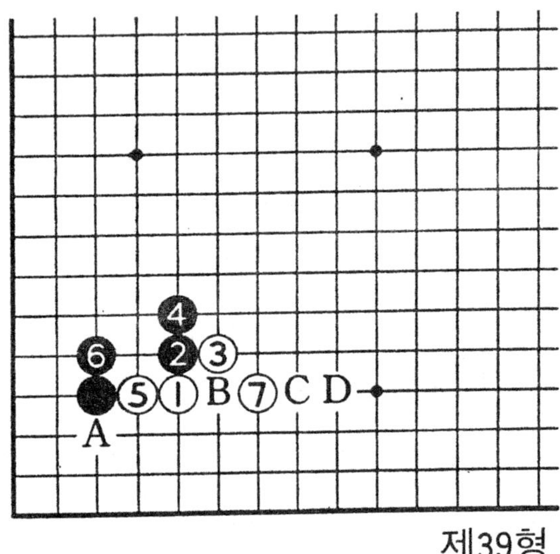

제39형

○제39형

흑6 뒤 백A로 젖혀 흑B로 끊었던 것이 전형이었다.

백이 힘껏 싸우기 위해서는 전형과 같이 끈질겨야 하는데, 상황에 따라서는 불리함을 초래할 것이 확실한 경우가 있다.

이와 같은 때는 예를 들면, 이 백7로 걸쳐잇는 다른 방법을 생각할 필요가 있다.

실제로 백7에서 백C나 D로 놓여진 예도 있다.

1도(일단락)

전도에 이어 흑은 8의 빼기를 이용하여 10으로 귀를 내린다. 이 수가 실질적으로는 상당히 큰 것이다.

부분적으로는 백11이 호점이 된다. 이것을 역으로 흑11로 놓이면 좌변의 흑 모양까지 급격히 넓어진다. 쌍방 모양의 쟁점인 것이다. 백은 다소 집이 무를지도 모른다.

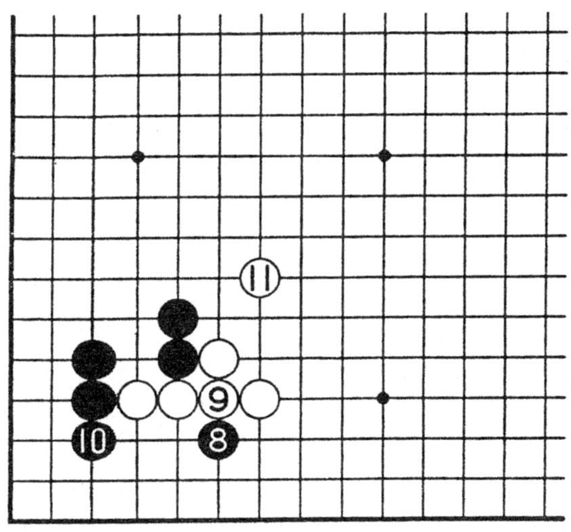

1도

◇흑의 여유

　1도로 일단락이라고 해도, 흑백 모두 이 뒤를 상정해 둘 필요는 있다.

참고도(눈목자)

　예를 들면 흑부터 1로 놓아 연락하는 수가 상당히 큰 것이다. 백B, 흑C, 백D가 된다. 그것

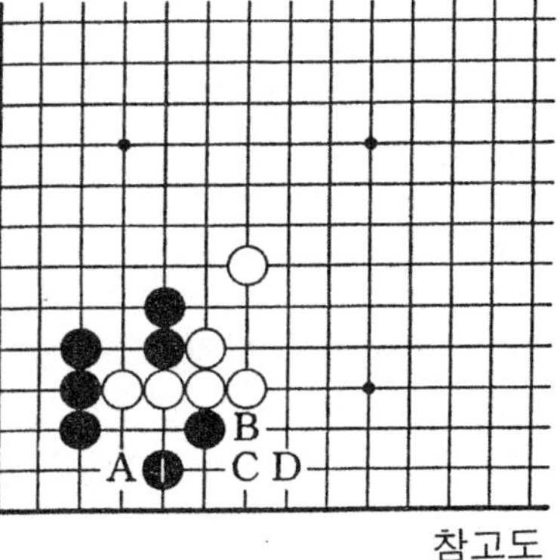

참고도

을 막기 위해서 흑1에 백A로 놓는 경우가 적지 않다.

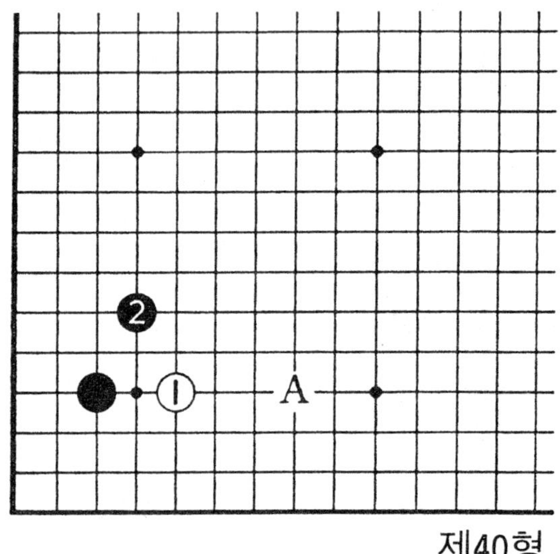

제40형

9. 날일자 받기

○ 제 40 형

단단히 흑2의 날일자로 받는 방법도 있다.

이로써 결국 흑은 선수를 잡는 것이다. 또 백이 손을 빼면 흑A부터 끼워 공격하는 것이 유력하게 된다.

이것이라면 백이 한 점을 막기에 곤란을 겪을 것이므로

———

1도 (일단락)

백3·5로 붙여 당기고 백7로 벌린다.

여기까지 정한 흑은 선수로 달리 도는 것이다.

백7의 벌리기를 게을리하면 흑부터 A로 끼워지는 것이 강력하다.

또 백7에서 뛰어들기를 두려워하여 백B로 좁게 벌리는 것은 견실하지만 작용이 별볼일 없어 바람직하지 않다.

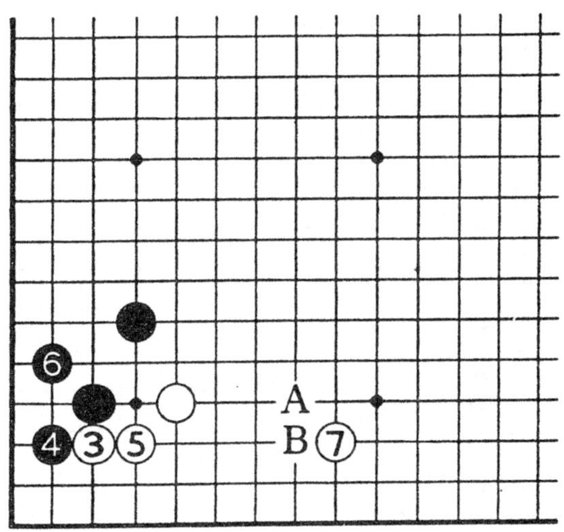

1도

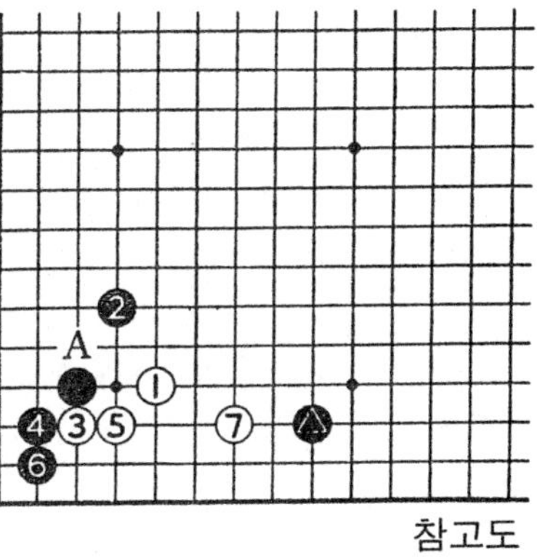

참고도

◇ 중국류와의 비교

참고도(늘여 끊기)

중국류의 준비는 이미 △에 한 점이 있다. 이 상황에서는 백3·5로 붙여당기고 흑6으로 귀를 늘여 끊는 것이 상법이다. 백A부터의 겨냥은 남지만, 곧 수가 되는 것은 아니므로 백의 근거를 위협하는 점에서 흑6은 작용이 있는 것이다. 1도 흑6과 혼동하지 않도록.

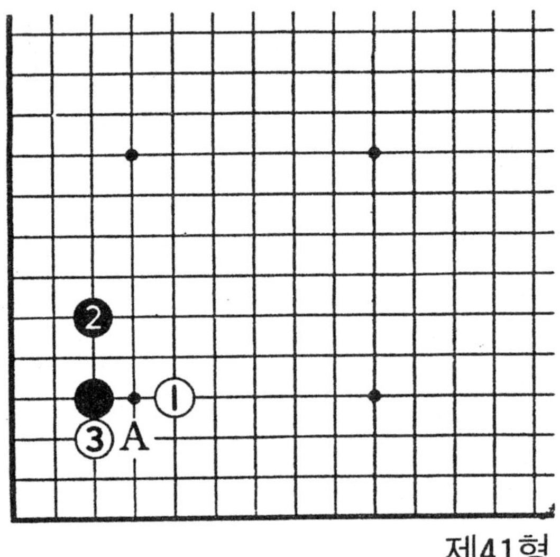

제41형

10. 한 칸 뛰어 받기

○제 41형

혹2로 한 칸에 받는 형도 있다. 이에 대해 역시 백3의 붙이기부터 정해가는 것인데, 혹A로 내젖히는 의미도 있어 다소 복잡한 변화가 된다. (**참고도** 참조)

일반적으로는——

1도 (일단락)

혹4로 응하고 백5 이하 7 까지로 일단락이다.

이 정석의 특징은 혹6으로 귀를 늘여 끊는 점이다.

⚫ 한 점의 위치가 낮기는(A에 비해) 하지만, 혹6으로 백의 근거를 안는 잇점이 있다.

혹부터 B로 메꿔질 때에 그만큼 백으로써는 경계를 필요로 하는 것이다.

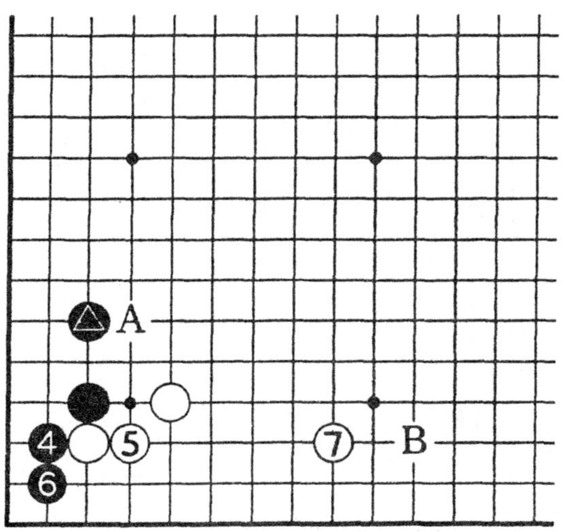

1 도

◻ 복잡한 변화

1도와 같이 정해지면 비교적 간단하다. 그러나 그 흑4의 젖히기에,

참고도(주의)

흑1의 젖혀내기도 있다. 백2의 끊기에 흑3·5가 강력하다. 간명을 기한다면 백A, 흑B, 백C, 흑D, 백E로도 놓는다.

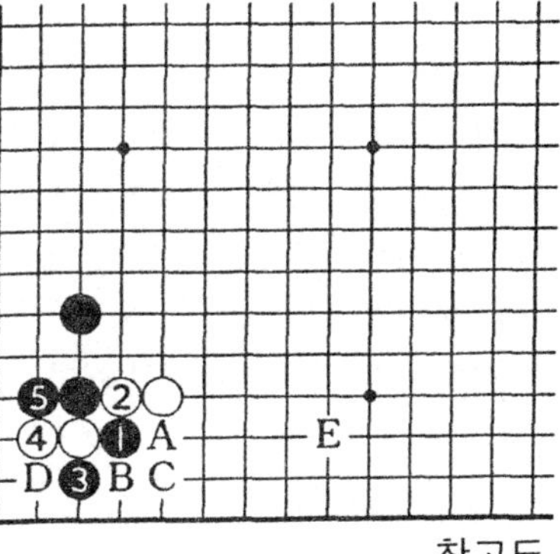

참고도

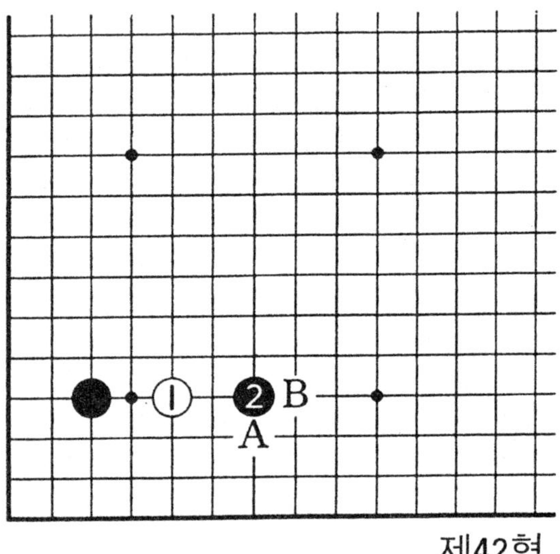

11. 한 칸 높이 끼우기

○제 42 형

그러면 백 1 의 한 칸 걸치기에 대해 적극적으로 끼워가는 정석을 다루기로 하자.

흑 2 의 한 칸 끼우기, 흑 A 의 날일자 끼우기, 그리고 '촌정(村正)의 요도(妖刀)'라고 이름지워진 흑 B 의 두 칸 높이 끼우기가 보통이다.

우선 가장 강렬한 흑 2 의 한 칸 끼우기부터 다룬다.

이 정석은 내가 가장 즐겨 사용하는 수 중의 하나이다. 강력한 만큼 운용을 잘못하면 반대로 곤란을 겪을 우려도 있다.

1 도 (일단락)

백 3 · 5 로 한 칸 뛴 다음 7 · 9 로 붙여당겨 정하는 것이 간명. 백 11 에서는 백 A 의 끼우기도 있을 것이다.

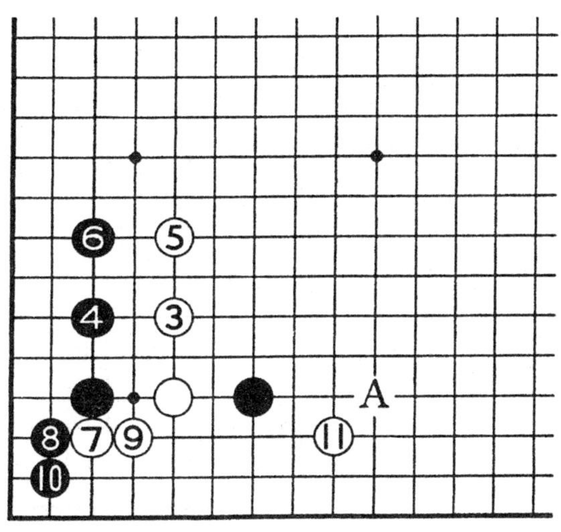

1도

◇수순은 중요

1도 백3·5로 혹4·6과 교환한 다음 백7로 붙이는 수순은 중요하다. 이것은——

참고도(백이 괴로운 형)

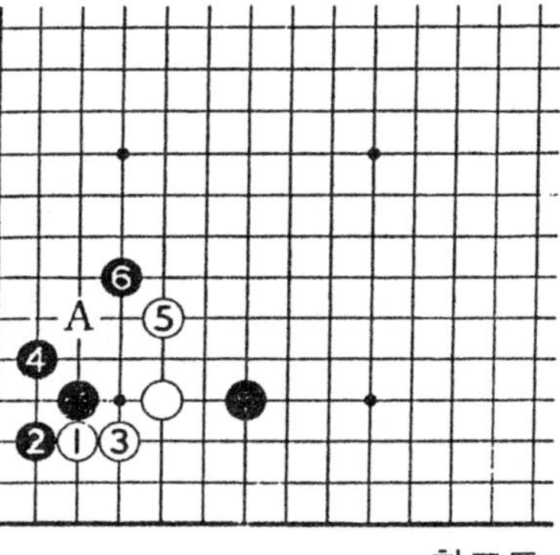

참고도

백1·3의 붙여당기기부터 가는 사람이 있는데, 백5의 뛰기에 혹A로는 받아줄 수 없다. 혹6으로 벌려 놓여진다. 백이 괴로운 형이 되므로 주의하기 바란다.

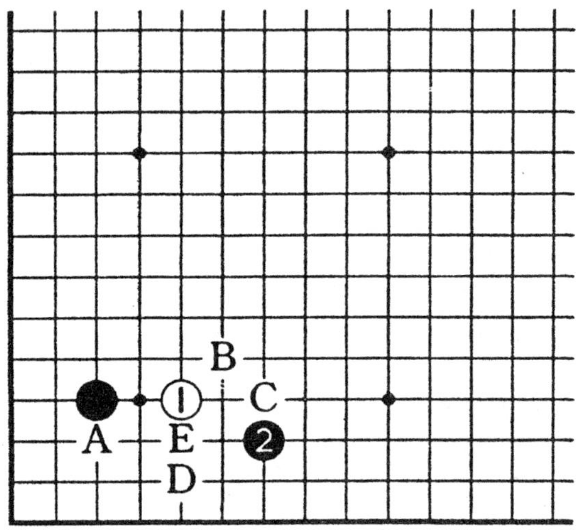

제43형

12. 날일자 끼우기

○제 43형

백 1 의 한 칸 높이 걸치기에 흑 2 의 날일자로 끼우는 것은 비교적 자주 볼 수 있다.

이에 대해 백은 A로 붙인다, 또는 B로 놓고, C로 붙인다, D로 아래에 뛰는 등의 수를 생각할 수 있다

또 흑 2 는 백이 손 빼기를 하면 흑E로 붙여 연락해 버리려는 의도도 있는 것이다.

그러면 우선 백A로 붙이는 수부터——

1도(돌의 흐름)

백 3 에 대해 흑 4 로 젖혀내는 변화이다. 흑 4 에서는 A로 응하는 수도 있다.

흑 4 에는 백 5 로 끊고, 흑 6 으로 뻗는 것이 된다.

여기에서 백은 다음 형——

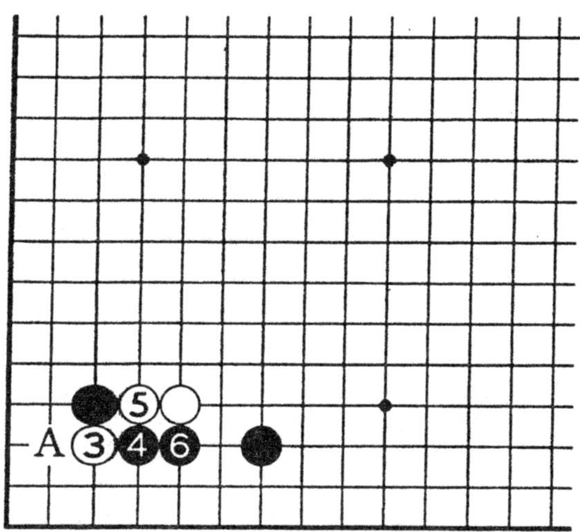

1도

◇속맥에 주의

1도 백 3 에 대해 흑 4 로 젖혀내지는 것이 두렵다——라고 염려하여,

참고도(백 불만)

백 1 로 놓는 사람이 있다. 이로써 분명히 좌우의 흑을 분단하고는 있지만, 흑에 2 로 대응되어 불만이다.

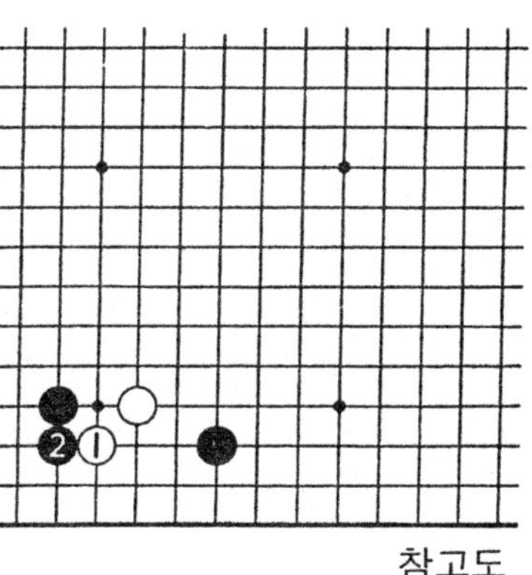

참고도

귀의 흑의 형이 단단할 뿐 아니라 백의 형을 정돈하는데 수고스럽게 하기 때문이다.

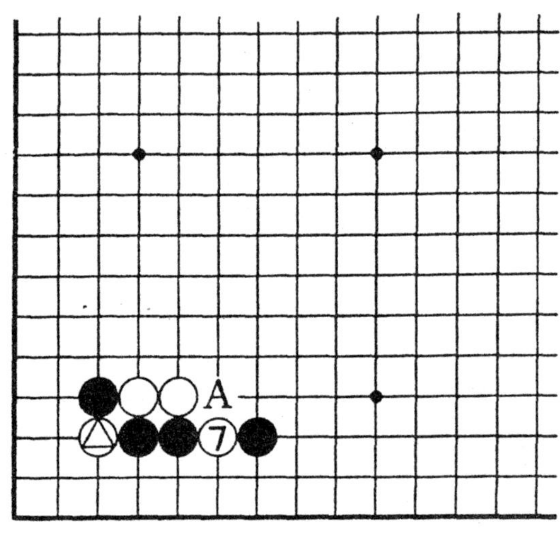

2 도

2 도 (갈라넣기의 한 수)

7 의 갈라넣기가 좀 마음에 걸리는 수이다.

흑A로 끊겨 곤란하다—라고 걱정하는 사람도 있겠지만, 그것은 다음 그림 이하의 변화로 해소된다.

그렇게 어렵게 놓지 않아도 백7에서 A로 뻗으면 좋지 않을까—라고 의문을 갖는 사람이 있을지도 모른다. 그러나 그것은 흑7로 이어져 흑의 돌이 단단해져 버리기 때문에 귀의 ◎의 한 점은 완전한 들어가기가 되어 버린다.

백7로 갈라넣는 한 수인 것이다.

3 도 (진행)

흑은 8 로 끊는다(단, 흑9로 아래에서 받고 있는 수가 있다—제 45 형 참조).

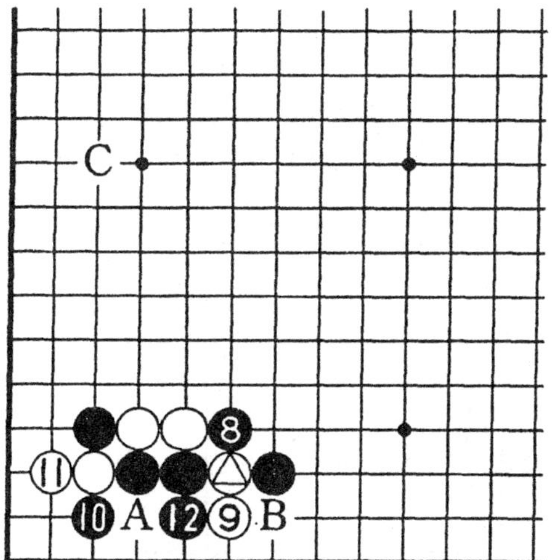

3 도

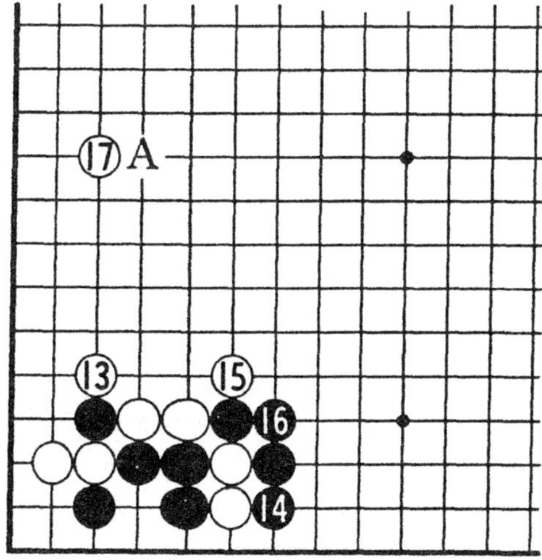

4 도

백도 9 로 내려 저항한다. 백A의 끊기가 있기 때문에 흑 10 으로 단수, 12 로 눌러 해소한다.

여기에서 축 관계에 의해 백 B로 구부려 버티는 (제 44 형 참조) 수도 있으나, ◎ 과 9 의 두 점을 버림돌로 하여 선수로 C 방면으로 전개하고 있는 것이 간명하다.

4 도 (일단락)

잠자코 백 13 으로 안고 있는 것이다. 그 때 흑 14 로 안은 때 백 15 를 살린다.

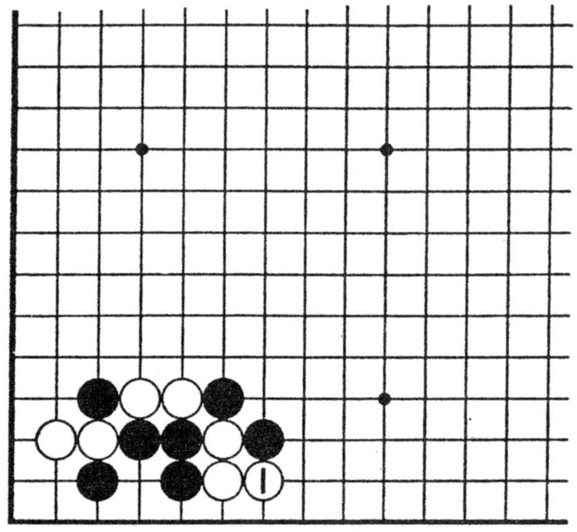

제44형

○제 44 형

전형 3 도 흑12에 이어 본형 백1로 구부리고 있는 변화에 대해 생각해 보자. 이것은 다음 **참고도**에서도 지적되고 있듯이 축 관계가 백에 있어서 좋은 경우가 아니면 성립하지 않으므로 충분히 주의하여 놓기 바란다.

백1의 구부리기에 대해 흑도——

1도(쌍방 필연의 움직임)

세력 2로 내뻗는다. 흑A의 두 점 취하기를 보는 것이다. 물론 백은 3으로 뛰어 막는다.

여기까지 오면 흑4의 넣기가 필요. 깜박하여 백B, 흑C 때 백4로 구부려지면 전멸해 버린다.

이어서 차도——

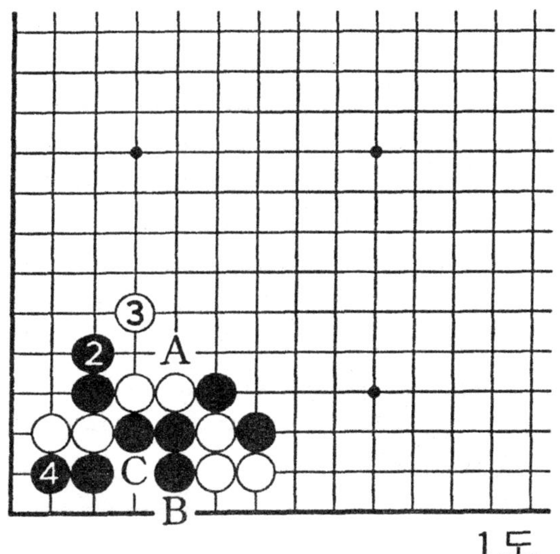

1도

◇축 관계에 주의

제44형 백 1은 축이 좋은 경우에만 성립한다 —라고 서술하고 있으나 만일 나쁘면, 예를 들면——

참고도(균형)

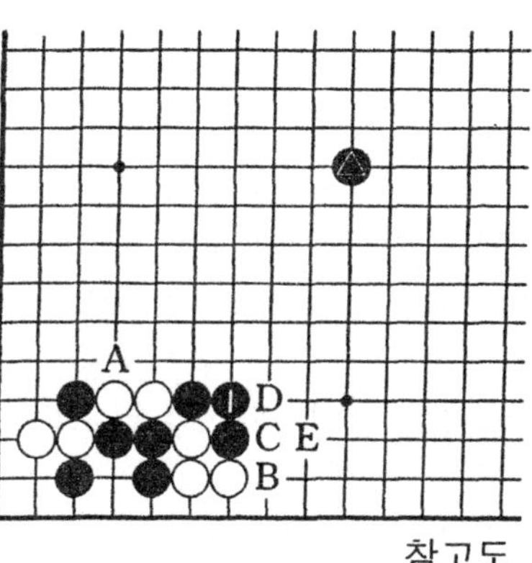

참고도

▲이 있는 경우, 흑 1로 이어 A의 두 점을 축에 취하는 수와 B의 젖히기를 균형으로 하는 수가 있다. 이어서 백 C라면 흑 D, 백 E, 그리고 흑 A로 안는 것이다.

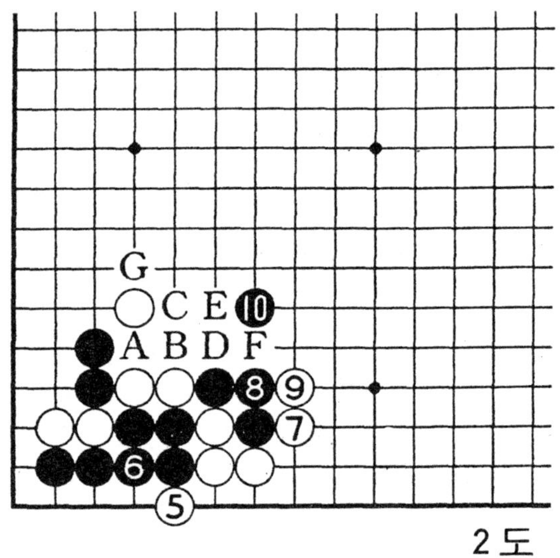

2 도

2 도 (진행)

백은 5 의 단수를 이용하여 7 로 젖힌다. 이 백 5 는 좀 나중에 이용되어도 괜찮다.

흑 8 의 잇기에는 백 9 로 눌러 올려간다.

여기에서는 흑 8 로 이었으나, 여기에서 흑 A 로 내고 백 B, 흑 C, 백 D, 흑 E, 백 F 에 흑 G 로 안고 있는 변화도 있다.

이것도 정석이다. 윗쪽 (좌변)에 큰 모양을 형성하고 싶은 상황에서는 이것도 유력할 것이다.

흑 10 의 뛰기에 손을 빼면 흑 A, 백 B, 흑 C 로 놓여져 백의 요석이 취해져 버리므로 ——

3 도 (중요한 잇기)

백 11 로 잇는다 (여기에서 백 A 로 잇는 것은 늦추는 것

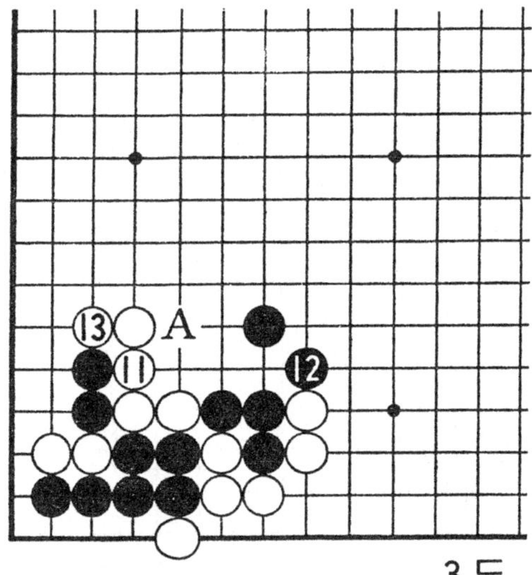

3 도

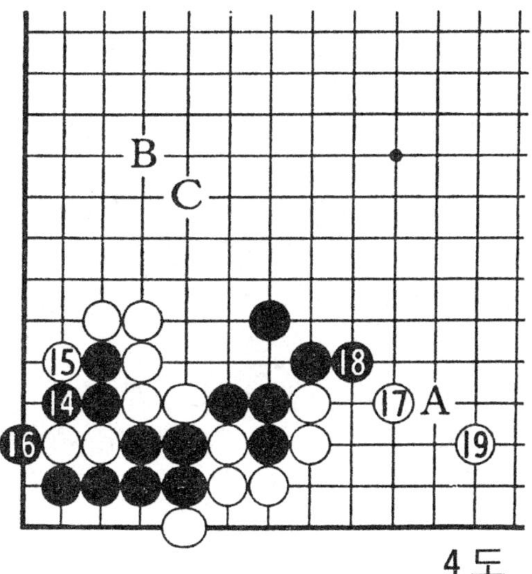

4 도

이다).

혹12 가 형의 급소.

그리고 백은 13 으로 이곳을 정해간다.

4 도 (일단락)

전도에 이어 혹14 부터 16 까지는 필연이다.

그리고 백 17 부터 19로 준비하여 이것은 일단락이다. 또이 백19 에서는 오른쪽과의 관계로 백A로 나란히 하여 받는 편이 유력한 경우도 있다.

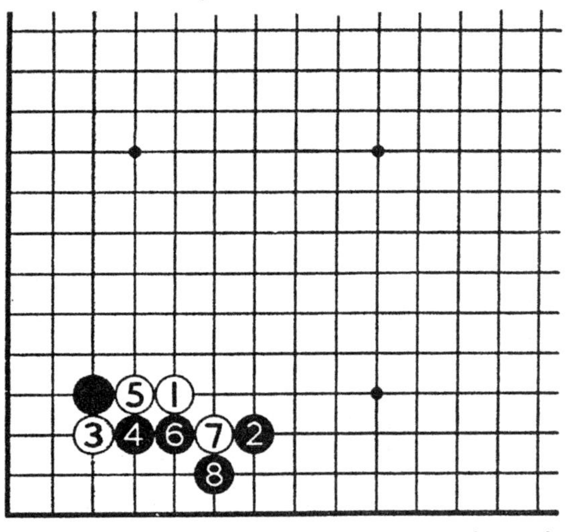

제45형

○제 **45**형

백1의 젖히기에 흑2 이하 백7까지는 전형과 같다.

여기에서 흑8로 아래에서 받는 변화에 관하여 서술해 보겠다.

이 흑8은 실리를 주체로 한 대응 방법으로, 백에 외세를 만들어 주어도 좋다—라는 상황에서만 사용된다. 그러면 뒤의 변화를 보기로 하자.

1도(수순)

백은 11로 잇기 전에 9로 한 점 단수하는 것이 수순이다. 이것은 백9에서 뻗어올지도 모르기 때문이다. 특히 축 관계가 흑에게 좋을 경우에는 더욱 그렇다.

이 다음——

2도(일단락—— 호각)

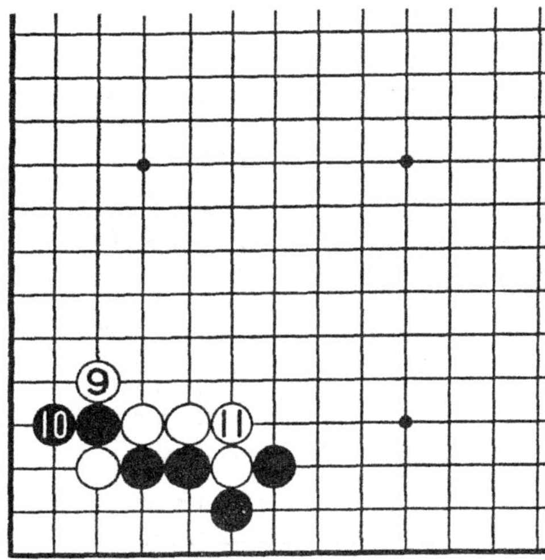

1도

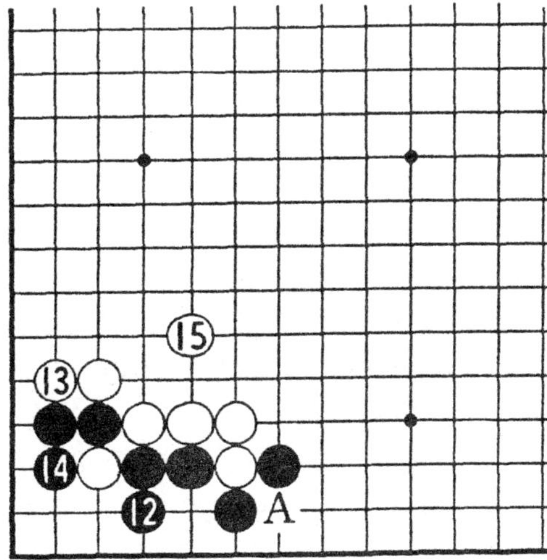

2도

혹은 12로 구부려 백A부터 끊기를 막는다. 백13·15로 형을 정비하게 될 것이다.

백의 윗쪽에 두꺼운 맛을 주지만, 혹은 염원인 실리를 얻어 만족이다.

특히 이 백의 두꺼운 맛이 그다지 살지 않는 상황(윗쪽에 강력한 흑돌이 있는)에서는 이 정석이 유효하게 된다.

정석은 이와 같이 아래 상황을 읽어 두어 능숙하게 사용하는 것이 중요하다.

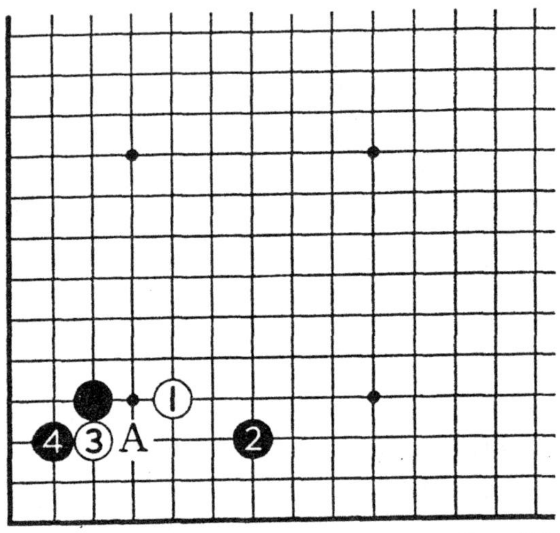

제46형

○제46형

백3으로 붙여 제43형～45형 주위의 변화(즉 흑A의 젖혀내기를 예상)를 기대하고 있으면, 이와 같이 흑4로 받아올지도 모른다.

이것도 훌륭한 수이다.

1도(균형이 되는 호수)

전도에 이어 백5로 당긴다. 흑6의 걸쳐잇기가 형인데, 여기에서 백7로 넣는 것이 상당한 호수이다. 이런 수를 놓을 수 있게 되면 어엿한 한몫을 한 것이다.

이 백7의 의미는 우선 백의 돌을 중앙으로 탈출시키는 것인데, 동시에 백A의 걸치기를 보고 있고, 또 왼쪽 흑에 대해서는 백B로 급소를 쫓는 수를 균형이 되게 하고 있는 것이다.

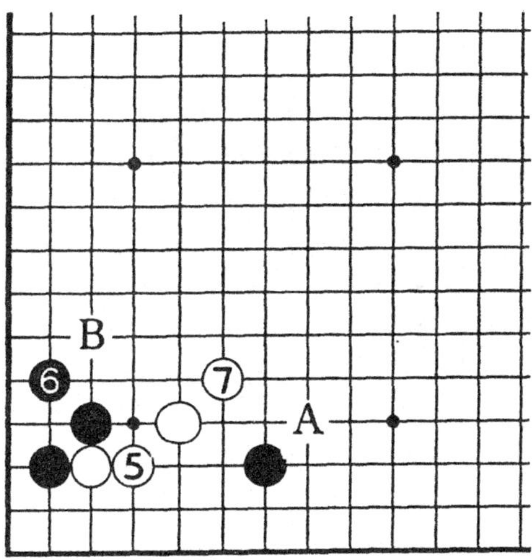

1도

혹으로써는

———

2도 (일단락——호각)

8로준비한다. 백A로 세 점의 급소에 쫓기는 것이 강력한 것이기 때문이다.

이 뒤를 혹이 놓는다고 하면, 혹 B로 뛰고, 백C, 혹 D, 백E로 끊는 진행을 한다. 이 변화는 축 관계나 서로 싸우는 관계가 있어 결론을 내는 것은 쉽지 않지만 아뭏든 혹은 F로 안든가, G로 잇든가를 선택해야 할 것이다.

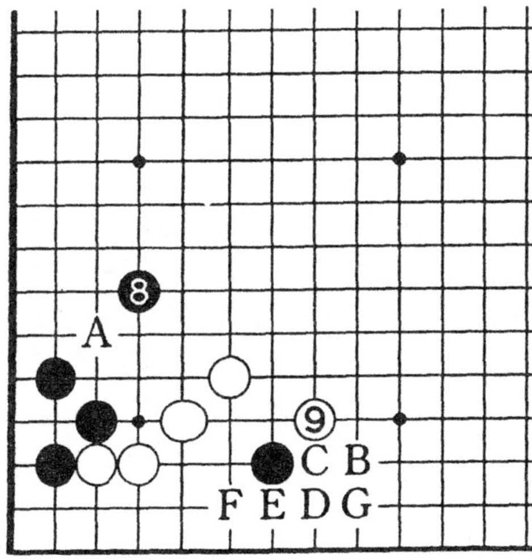

2도

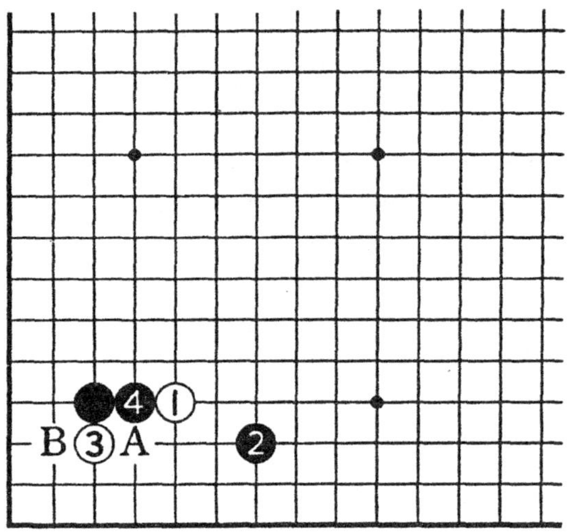

○제 **47** 형

이제까지의 정석을 볼 것도 없이 백3으로 이으면 흑은 A로 젖혀내든가, 혹B로 받든가 어느 쪽을 생각하는 것이 상식이다.

그러나 때로는 흑4로 붙여내어 오는 수도 있는 것이다.

대개 이렇게 상대의 돌에 머리를 부딪쳐 오는 수에 좋은 수는 없다. 본형에서도 마찬가지이다. 그러나 축관계, 주위의 상황에 따라서는 이것도 성립할 것이다. 흑4에 이어서——

1도(백의 풀기)

백5는 이 한 수.

여기에서 흑6으로 끊어오는 것이다. 백은 서둘러서는 안된다. 백A로 단수하여 흑9로 이어 백7로 젖히는 수

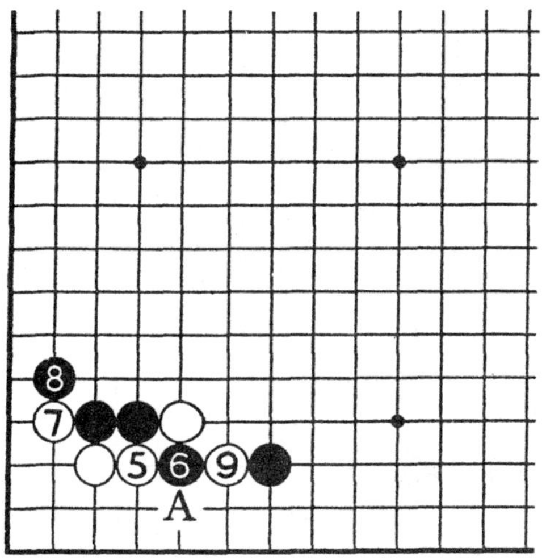

1 도

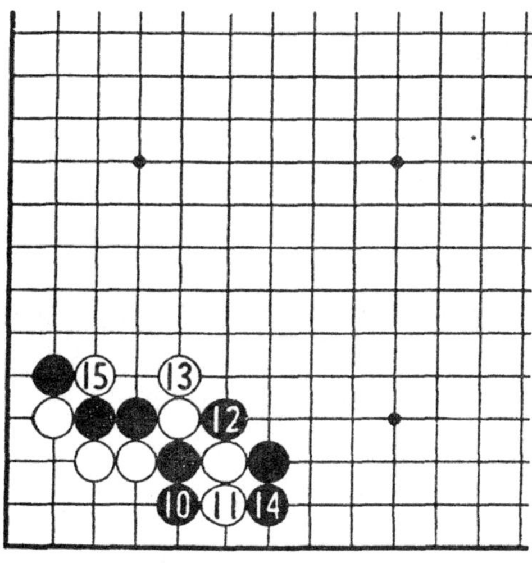

2 도

순을 따르는 것은 좋지 않다.

　우선 백7의 젖히기부터 간다. 그리고 혹 8로 누르면, 백9로 위에서 단수하는 것이다.

　2도 (일단락——백 만족)

　보통이라면 혹10의 내리기에 백11 등으로 붙여내는 수는 없는 것이다. 혹12의 끊기에서 14로 취해져 버리기 때문이다.

　그러나 여기에서는 백에도 15로 두 점을 취할 여지가 있다.

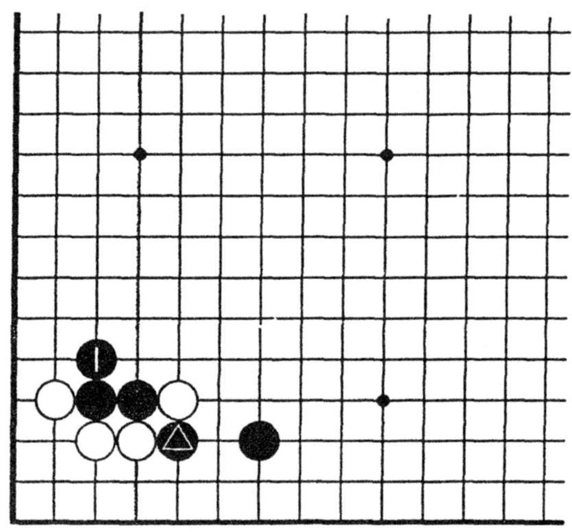

제48형

○제 48 형

전형 1도 흑8로 누르는 수에서 이 그림과 같이 흑1로 구부려 간다면 어떻게 대처하는 것이 좋을까가 헛갈린다.

백으로써는 ⬤ 한 점을 취할 수 없으므로 싸움으로 돌입한다. 그렇다면 어떤 태도로 임하는 것이 좋을까를 나타내겠다.

1도(일단락——백 유리)

지금 한 점 백2로 뻗는다(이것을 놓아두지 않으면 뒤에 흑2가 선수로 산다).

그리고 백4의 단수를 놓고, 귀의 백이 확실하게 산 때, 백6으로 뻗어 싸우는 것이다.

이 싸움은 흑이 좌우로 분단되어 있으므로 분명히 불리하다. 흑은 양쪽의 돌을 풀지 않으면 안되는데, 백은 돌 하나를 풀면 되는 것이다.

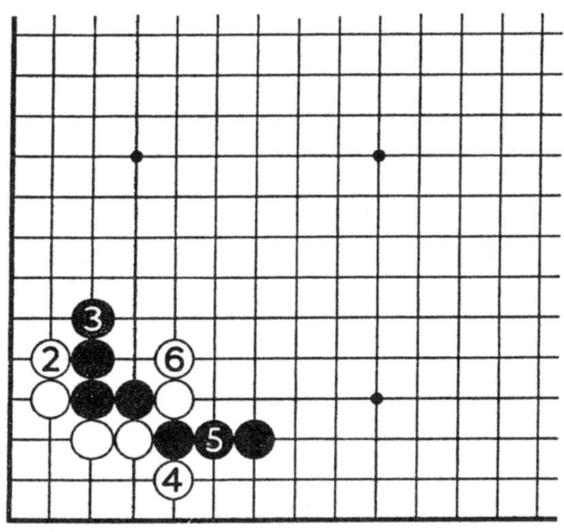

1도

◇축 관계

이 형은 흑에 있어서 축이 좋은 경우 제48형 흑1의 구부리는 수로, 참고도(백은 실리)

혹1로 단수, 3으로 잇는 수가 있는 것이다. 백도 4로 뛰어내는 정도

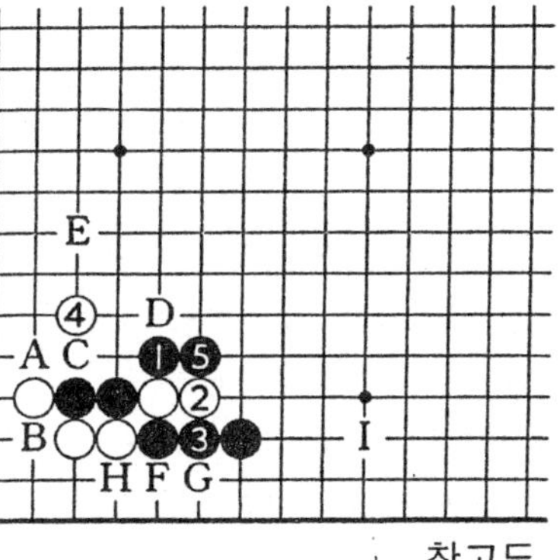

참고도

로, 혹5로 축에 안는다. 이 백4에서 5로 구부리면, 혹 A, 백B, 혹C, 백D, 혹E, 백F, 혹G, 백H, 혹I로 백의 괴로운 싸움이 된다.

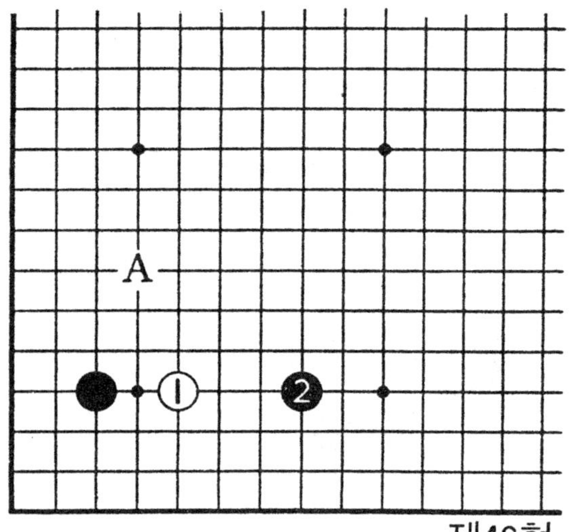

제49형

13. 두 칸 높이 끼우기

○제 49 형

이 흑2의 두 칸 높이 끼우기는 별명 '촌정의 요도 정석'이라고도 불리우고 있다.

흑2에 그런 살기를 느낄 수 있어 붙여진 이름이라고 생각된다.

이 요도 정석의 경우, 백A로 눈목자에 걸치는 것이 가장 많이 사용되고 있다.

그러나 간명을 기한다면——

1도(한 칸 뛰기)

백3·5로 한 칸에 뛰는 것이 좋을 것이다.

백7·9의 붙여 당기기는 뛴 다음에 놓는 것이 순서(참고도 참조). 여기에서도 흑10은 큰 수.

백은 11로 흑의 한 점을 끼워 공격하게 된다. 단 백11에서는 A나 B로 높이 끼우는 경우도 있다.

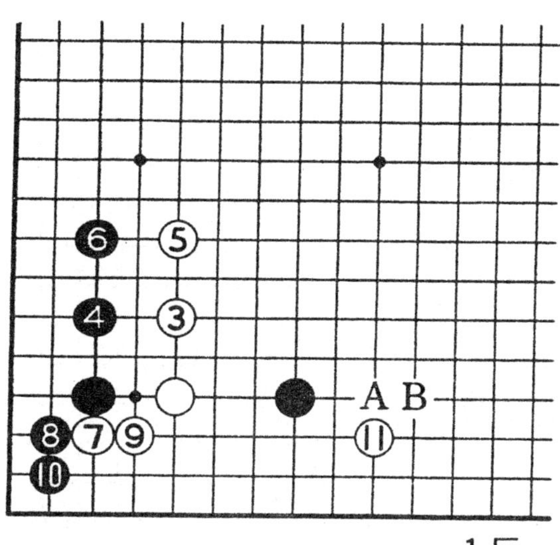

1도

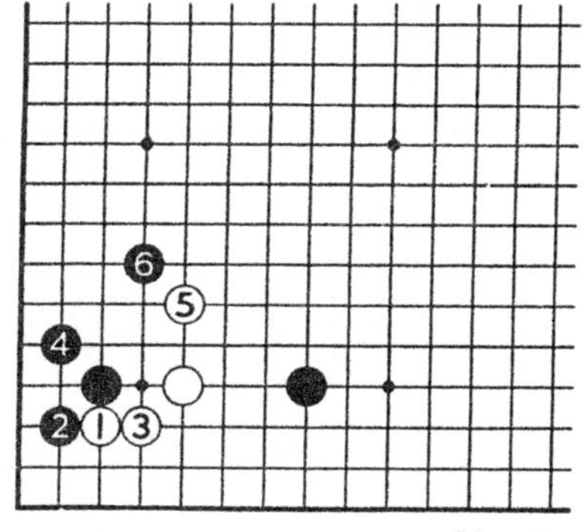

참고도

◻수순은 중요

우선 주위를 단단히—라고 생각하는 것은 인정일지도 모른다.

참고도(백 고전)

백1·3부터 가는 것인데, 이것은 수순이 나쁘다. 흑4까지로 정한 다음 백5로 뛰면, 흑에 6으로 걸친다.

1도에서는 흑4로 낮게 놓여져 있다는 것이 참고도와 크게 다르다

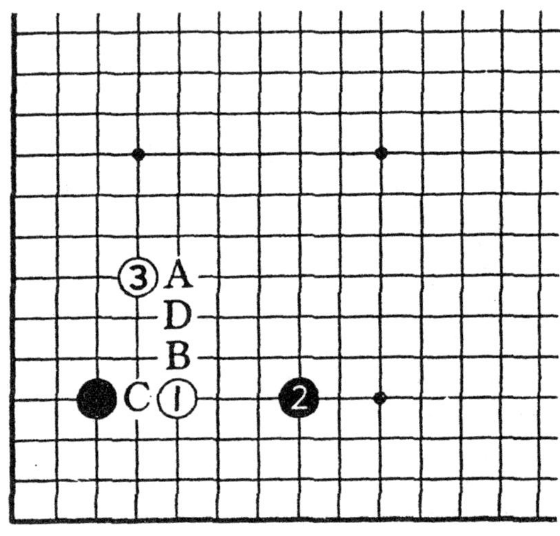

제50형

○제50형

이 백3의 눈목자 걸치기는 藤沢朋斎 9단이 처음 놓았
던 수로, 지금은 대부분의 사람들이 이 수를 사용하고 있
다. 때때로 백A로 두 칸에 뛰고 있는 경우도 볼 수 있다.

1도(뛰는 형)

여러 가지 변화가 생겨 검토한 다음 그 중에서 정형화
한 것이 여기에 나타낸 정석이다.

흑4·6으로 붙여뻗는 정도이다.

흑8의 뛰기가 형. 이때 흑A로 당기는 것은 축 관계에
의해 백B, 흑C, 백8로 내끊는 것이 강력하다.

흑8에 백B로 내는 것은 백이 악수가 된다.

백은 D의 결점을 보강하기 위하여——

2도(일단락——호각)

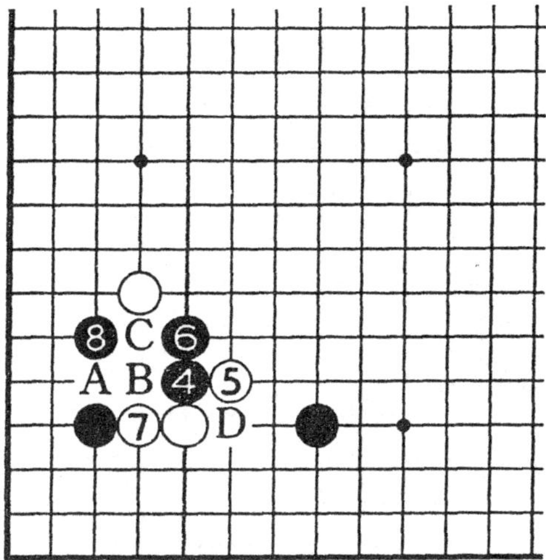

1 도

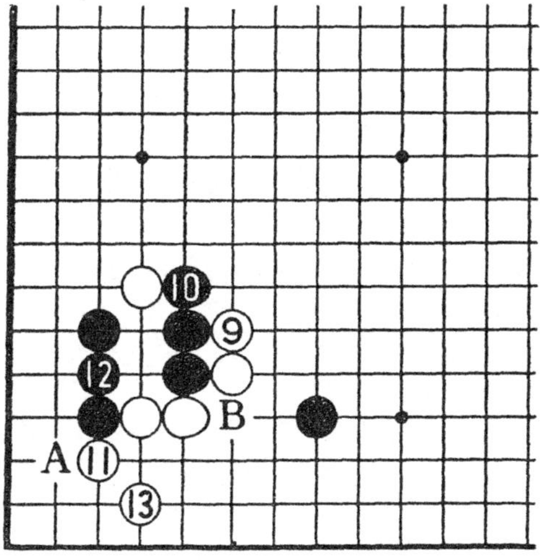

2 도

백9로 한 점 눌러 올린다. 흑10으로 교환한 다음 백11로 젖힌다.

백13으로 걸쳐이어 일단락이다. 이것이 정석의 결정판이다.

단 이 백13에서 축 관계에 관해서는 백A로 내리는 수도 성립한다.

단 축이 나빠지면 흑B의 끊기가 성립하므로 주의가 필요하다.

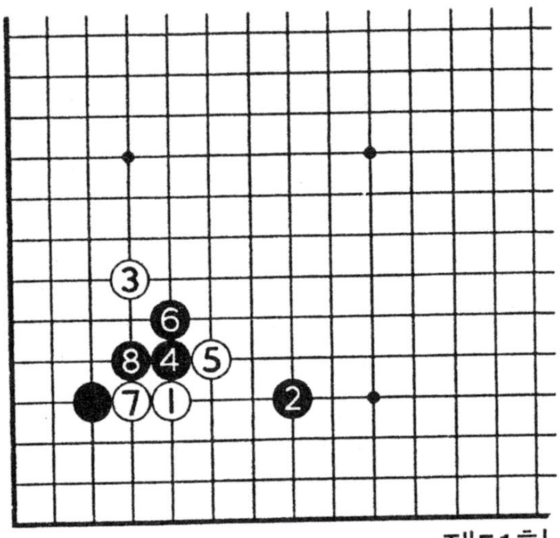

○ 제 51 형

최근은 제 50 형이 놓여지게 된 다음 이 정석은 쇠퇴하게 되었다.

백 7 때 흑 8 로 누르는 형이다.

쇠퇴한 원인은 무엇보다도 4·6·8의 세 점으로 빈삼각의 우형을 만들기 때문이다. 형에 민감한 우리들은 이런 수 놓기를 꺼린다.

그러나 본도 흑 8 은 백의 공배를 메꾸고 있는 점에서 훌륭한 놓기라고 할 수 있다.

1 도 (일단락 —— 호각)

백 9 의 젖히기에, 이것도 흑 10 으로 굳게 잇고 있다 (참고도 참조).

백 11 에서는 12 로 내리고 싶지만, 흑에 A로 끊기는 것이 괴롭다. 그래서 부득이하게 백 11 로 잇고, 흑 12, 백 13 으로 일단락이 되는 것이다.

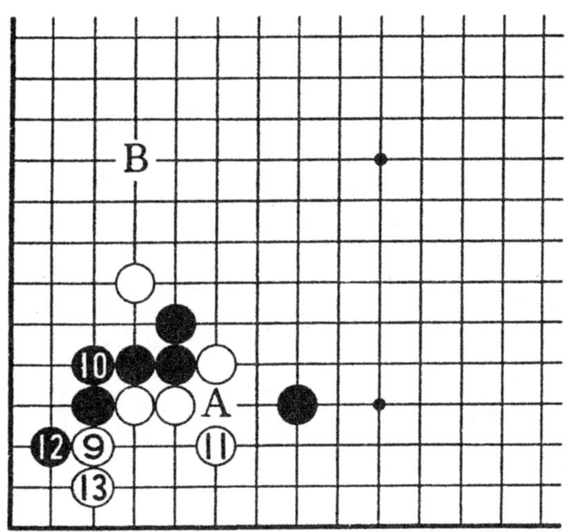

1 도

◇ 옛 정석

옛날이라고 해도 아직 10수 년 전까지는 사용되었던 정석이다. 1도 흑10의 굳게 잇기로,

참고도 (후수)

흑1로 걸쳐잇는 것이다. 백4의 뒤 흑5·7로 한 점을 취하여 두껍

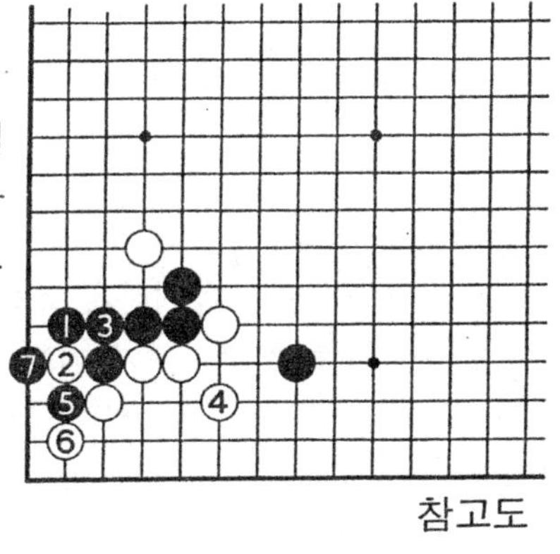

참고도

지만, 백에 6을 살려 선수를 빼앗기기 때문에 51형으로 개량되었다.

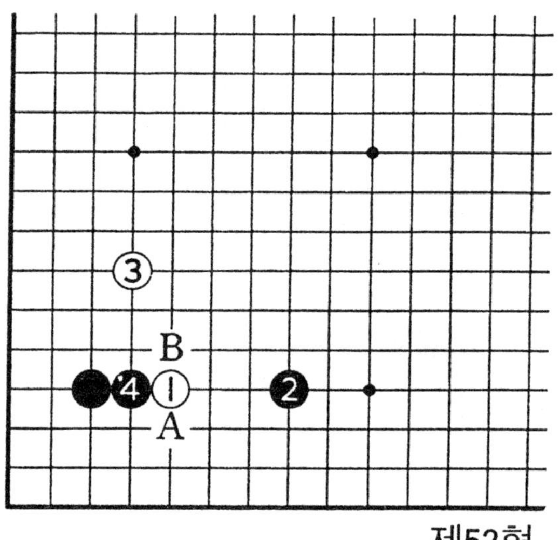

제52형

○제 52 형

백 3 때, 혹 4 로 붙여 대어가는 강력한 놓기가 있다. 백 A로 내리는 것은 혹에 B로 젖혀져 상하를 분단시켜 좋지 않다.

그리고 ——

1도(강력한 끊기)

백 5 로 서는 것인데, 이어서 혹의 수단이 또 강력하다.

혹 6 으로 젖히고 백 7 누르기에 혹 8 로 끊어가는 것이다.

이 뒤의 변화도 여러 가지 있어 간단하게 어느 것이 좋은가 하는 결론은 내릴 수 없으나 여기에서는 비교적 간단한 정석을 하나만 나타내어 보겠다.

2도(일단락 —— 백 재미있다.)

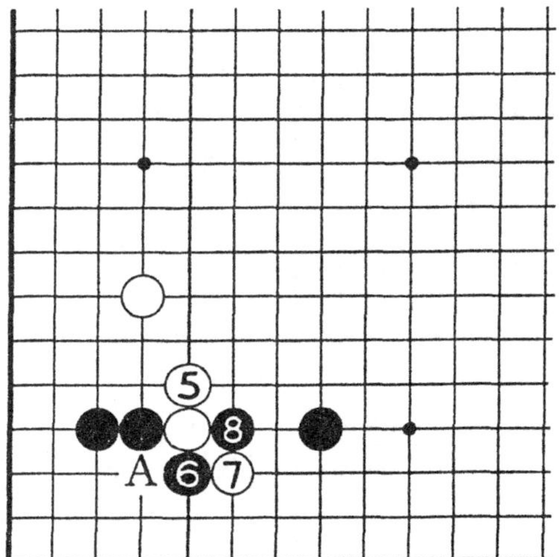

1 도

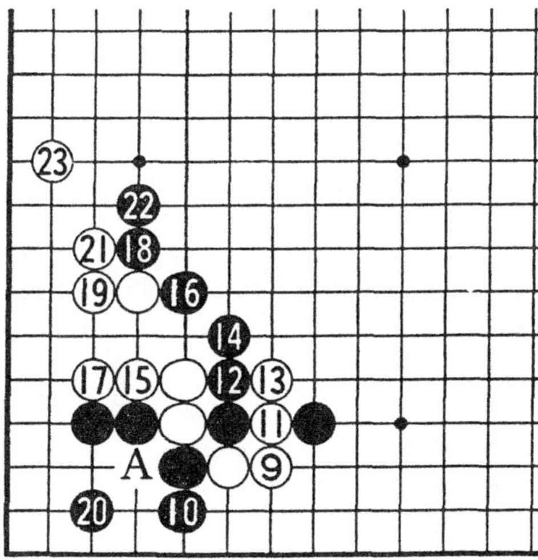

2 도

전도에 이어 백9로 뻗는 것은 알기 쉽다.

혹10의 내리기는 어쩔 수 없다. 이때 혹11로 잇거나 하면 백A로 끊겨 요석이 잡혀 버린다.

백은 11·13으로 단수를 해가고, 백15로 구부리는 것이 맥이다. 이것은 백의 형을 정비하고, 흑돌에 영향을 주려는 것으로 힘있는 수이다.

흑도 16으로 마늘모 붙인다.

백23이 되어 일단락이다.

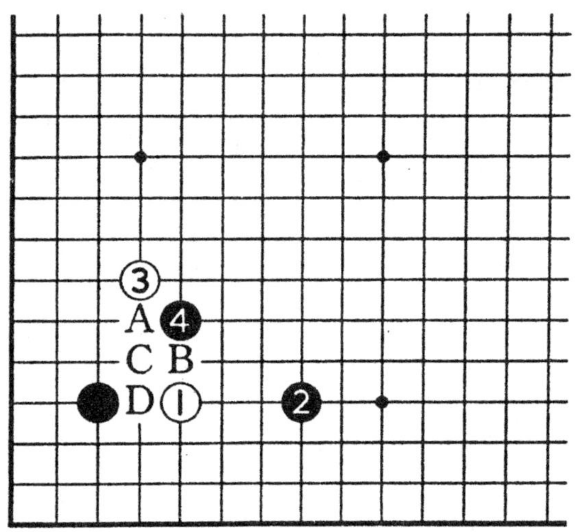

제53형

○제53형

이 흑4는 梶原 9단이 놓은 수이다.

이에 대해 백A로 대응하면 흑에 B로 붙여 대어져 끼어 버린다. 백C에는 흑D로 끊기고, 이것은 분명 백이 괴로운 형이다.

그래서 이 흑4에 대해——

1도(틈새를 낸다)

백5로 틈새를 내간다.

흑은 세력 6·8로 붙여 내어가게 된다. 쌍방 한 점씩 희생되고, 백은 귀에 집을, 흑은 윗쪽에 외세라는 모양이 되었다.

백9의 젖히기에 흑A로 구부리고, 백B, 흑C, 백D, 흑E, 백F, 흑G, 백H, 흑I, 백J, 흑K라는 것도 정석인데,

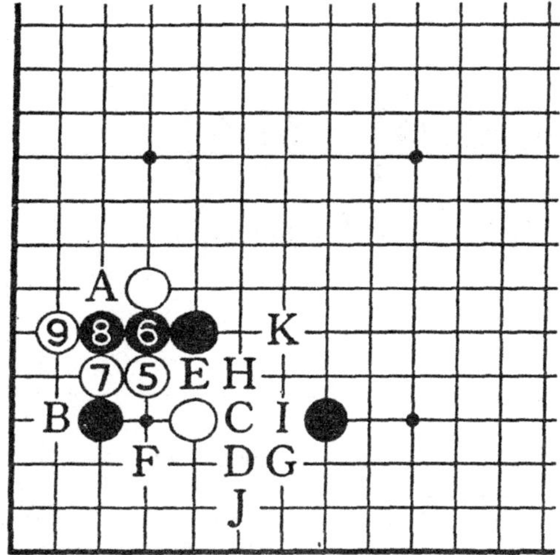

1 도

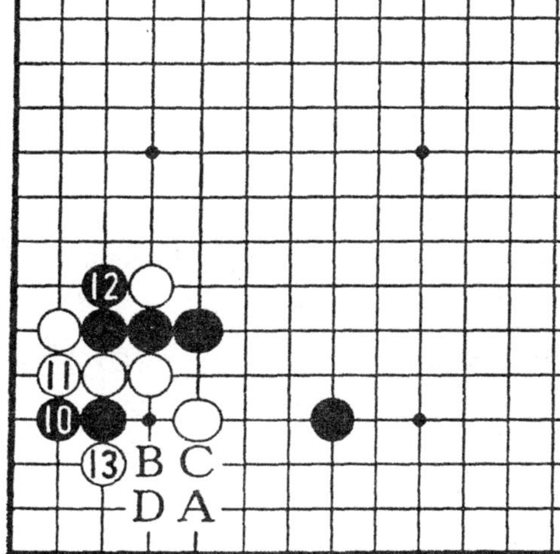

2 도

이것은 귀의 백의 실리가 크다—이므로 최근에는 백 9 의 젖히기에 대해——

2 도 (일단락——호각)

흑 10 으로 내려 빼고, 백 11 로 잇게 한 다음 흑 12 로구부리는 방법을 채용하게 되었다.

이것이면 귀는 백이 어떻게 놓아도 맛이 나쁘고, 한 수로써 귀를 집으로 하기는 상당히 어렵다 (예를 들면 백 A 면 흑 B, 백 C, 흑 D 로 버티는등 ……)

소목의 정석
(제54형 ～ 제76형)

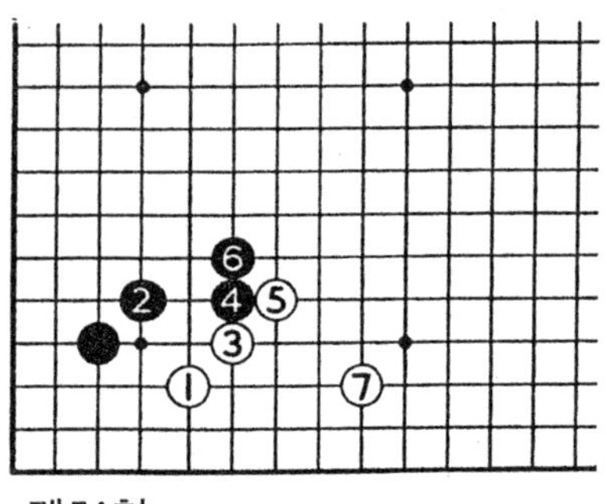

제54형

○ 제54형 (옛 정석)
혹2의 秀策의 마늘모
에 대해, 백3으로 놓는
것이 옛 정석이다.

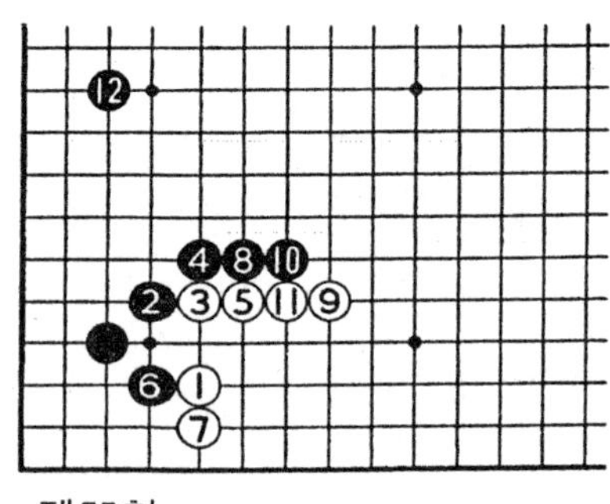

제55형

○ 제55형 (흑 호조)
백3·5로 붙여뻗어도,
흑에 4·6 이하 12까지
놓여 불충분하다.

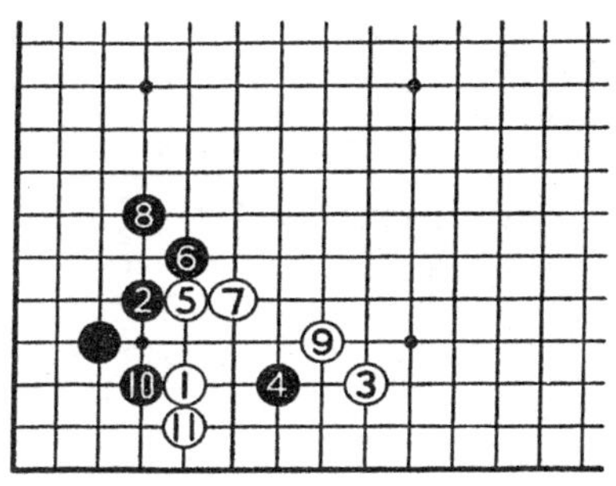

제 56 형

○제 56 형 (호각)
백 3의 세 칸 벌리기
에는 흑 4로 놓고 싶다.
백 11 까지가 예상된다.

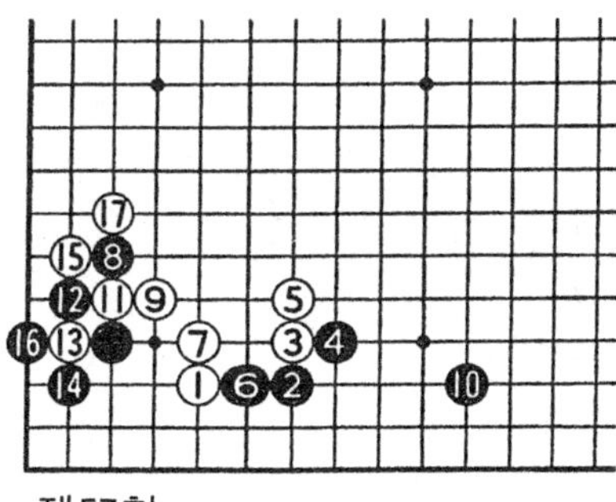

제 57 형

○제 57 형 (호각)
흑 2의 한 칸 끼우기
에 백 3·5로 붙여뻗는
데에서 발생한 정석이다.

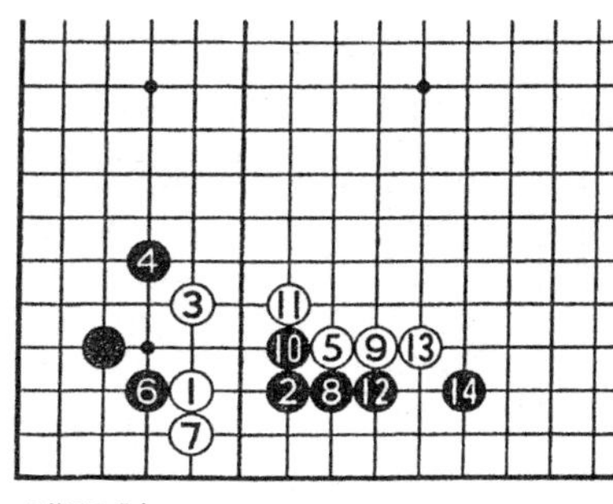

제 58 형

○제 58 형 (호각)
백 13 까지는 흑에 실리
를 주었으나, 백은 두꺼
운 맛으로 충분하다.

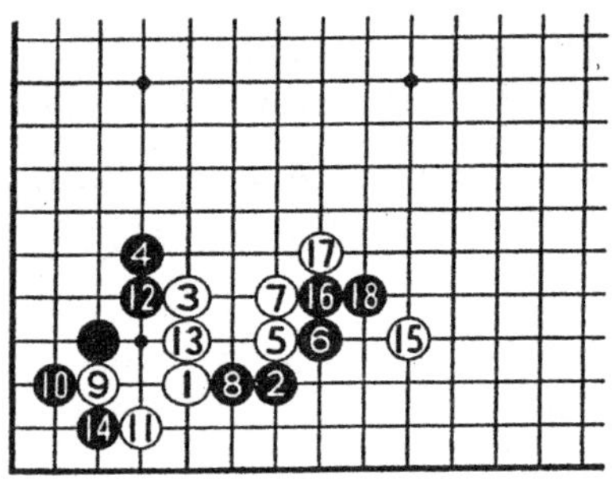

제59형

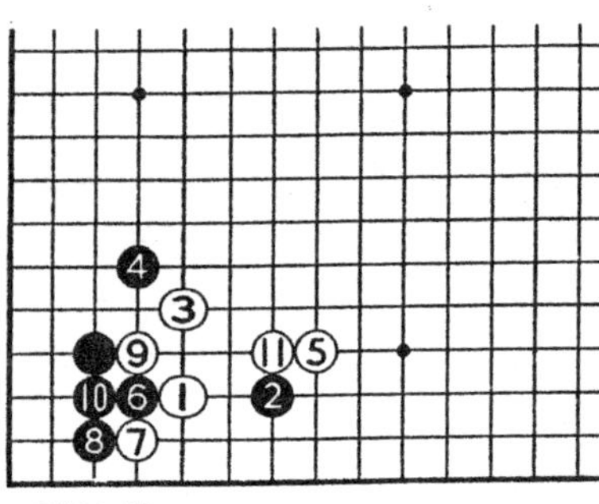

제60형

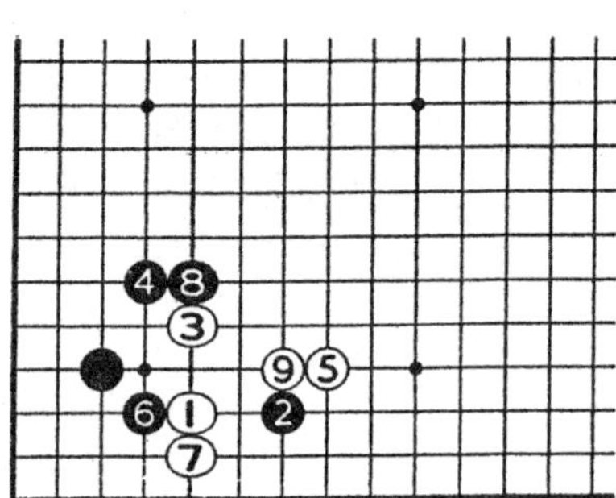

제61형

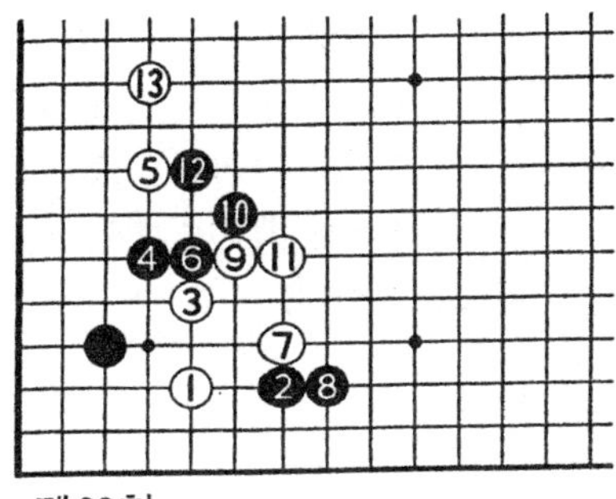

제 62 형

○제 62 형 (호각)

백 5 로 놓는 것은 상법이다. 백 7 에서 9 로 가는 것은 맥이다.

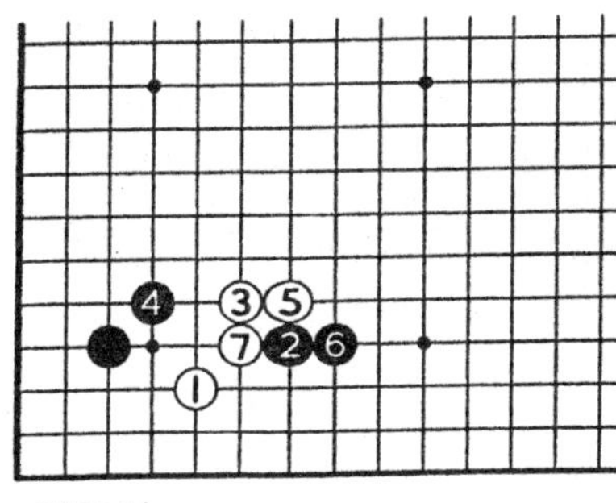

제 63 형

○제 63 형 (호각)

백 3 의 날일자. 흑 4 로 단단히 놓으면 백도 5 를 살려 7 로 돈다.

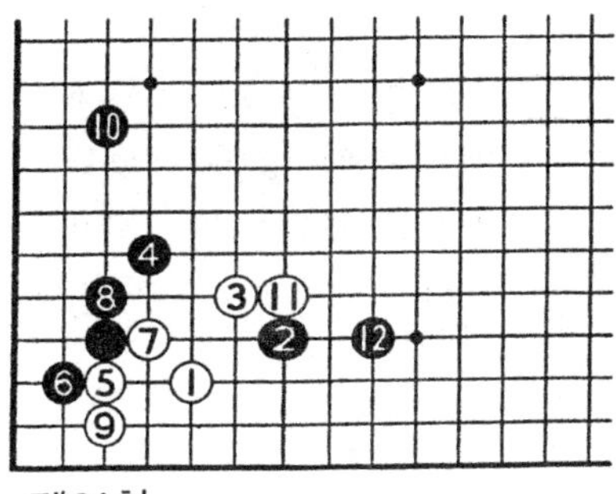

제 64 형

○제 64 형 (상형)

흑 4 로 날일자에 대응해 간 경우의 정석의 하나. 흑 12 까지 잘 놓여진다.

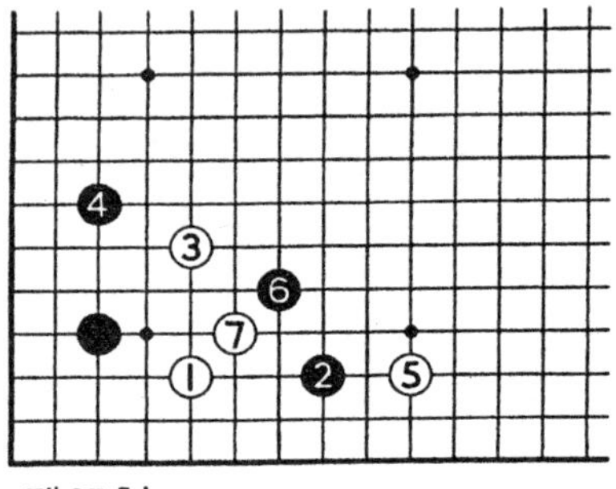

제 65 형

○제 65 형 (호각)

혹 2 의 두 칸 끼우기 이하 혹 6 까지는 보통. 여기에서 백 7 로 놓는 것도 맥이다.

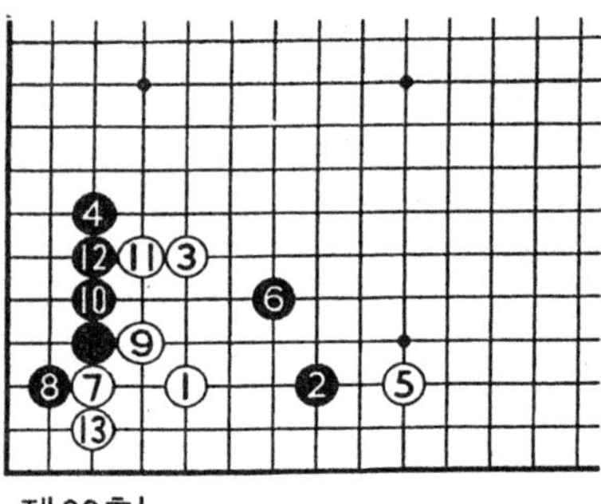

제 66 형

○제 66 형 (호각)

만일 백 11 의 나란히 놓기에 혹 12 로 붙이면 백 13 으로 내려가 나쁘지 않다.

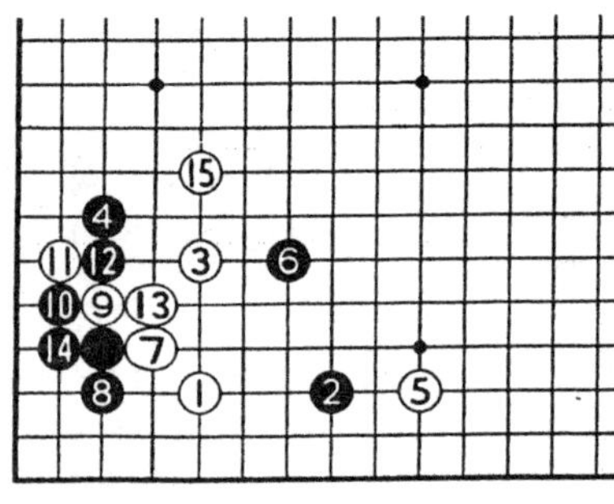

제 67 형

○제 67 형 (호각)

혹 6 의 눈목자 걸침에 백 7 이하 13 까지 형을 정하는 것은 자주 놓여진다.

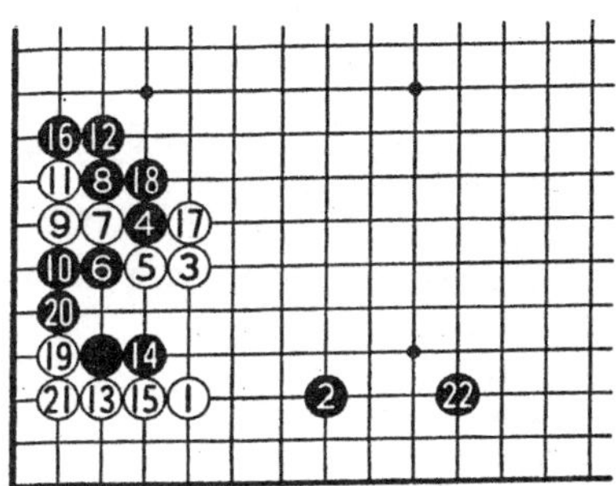

제68형

○제 68 형 (호각)

흑 4 로 눈목자에 응한 형. 백 5 이하 흑 22 까지 쌍방 앞으로의 바둑이다.

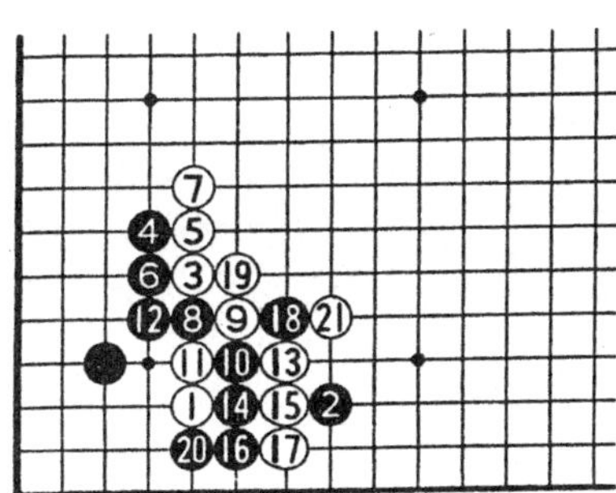

제69형

○제 69 형 (백 두껍다)

백 7 로 내뻗고 흑 8·10을 놓는 방법도 있다. 백이 다소 두꺼운 형이다.

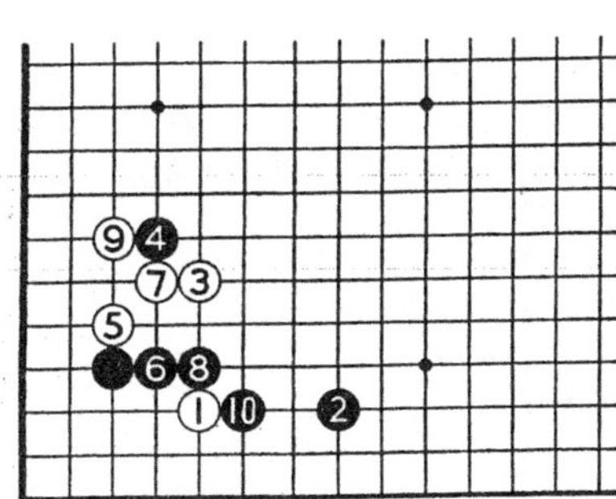

제70형

○제 70 형 (흑 좋다)

흑 4 에 백 5 로 엇갈려 가르기를 책하는 놓기도 있다. 흑은 10까지 충분하다.

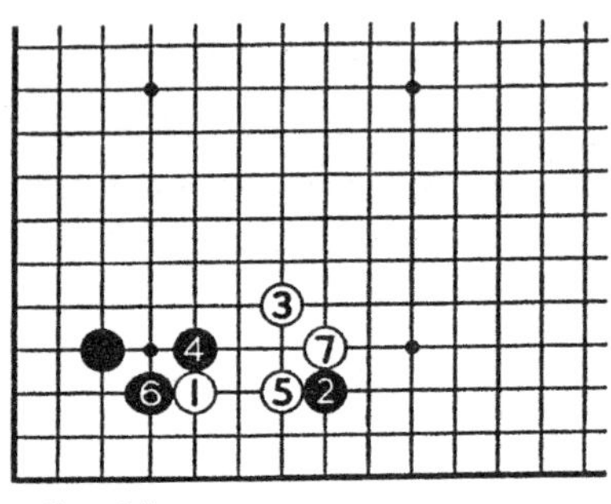

제71형

○제71형(흑 다소 좋다)

백3으로 틈을 벌려 놓기. 흑4 이하 백7까지 쌍방 산뜻한 풀기.

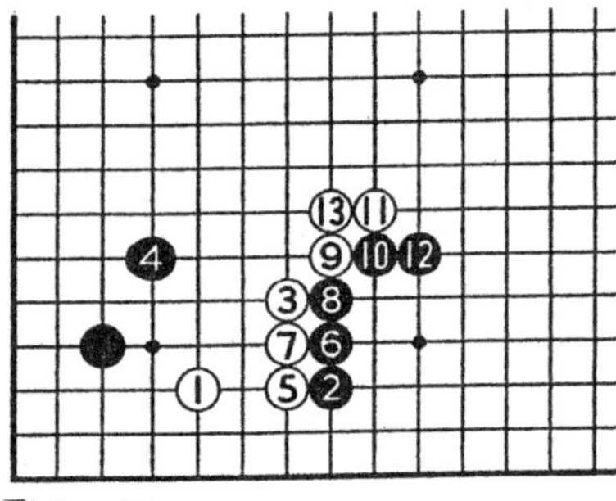

제72형

○제72형(흑 다소 유리)

흑4로 응하고 있어 좋은 것이다. 백13까지 백은 다소 고리형으로 생각된다.

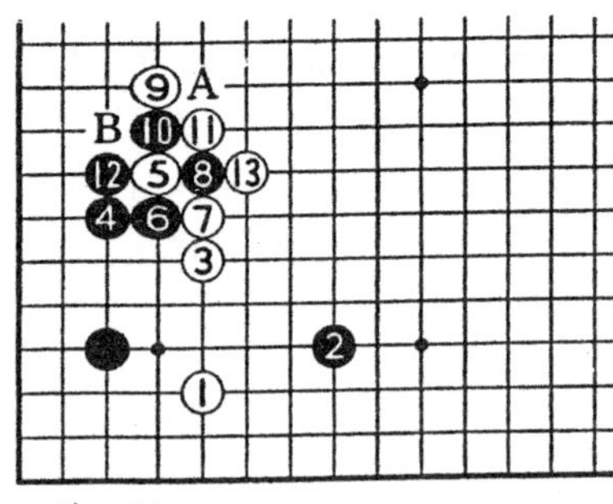

제73형

○제73형(백 두껍다)

흑8·10은 백11·13 다음 흑A, 백5, 흑B가 되어 백의 두꺼운 맛이 다소 낫다.

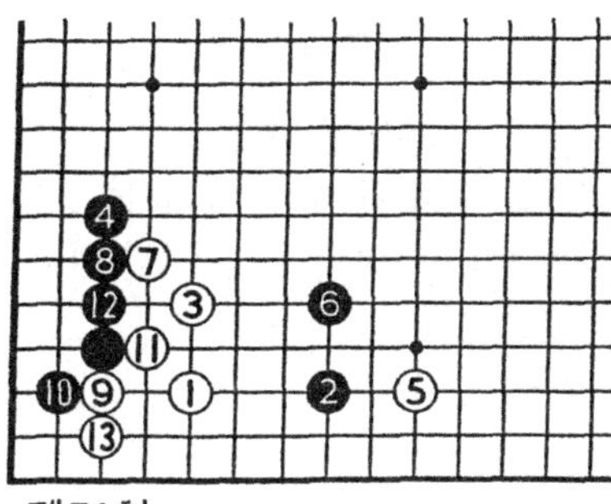

제74형

○제 74 형 (호각)

백 7의 마늘모를 살리고 13 까지 안정시키는 바둑이다.

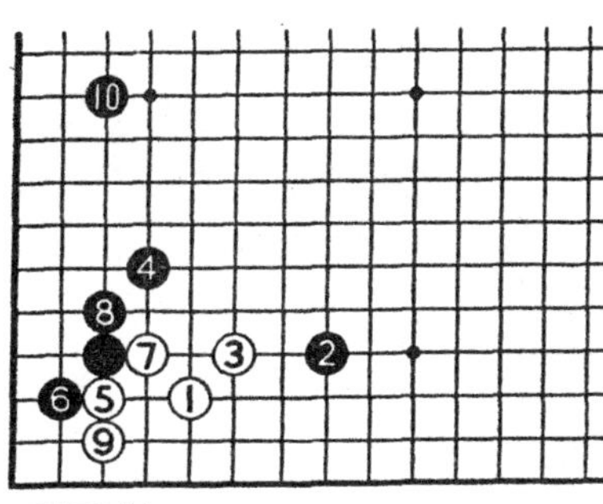

제75형

○제 75 형 (호각)

이 정석은 20수 년 전 유행했다. 백 5 이하 9 까지로 견실하게 안정하다.

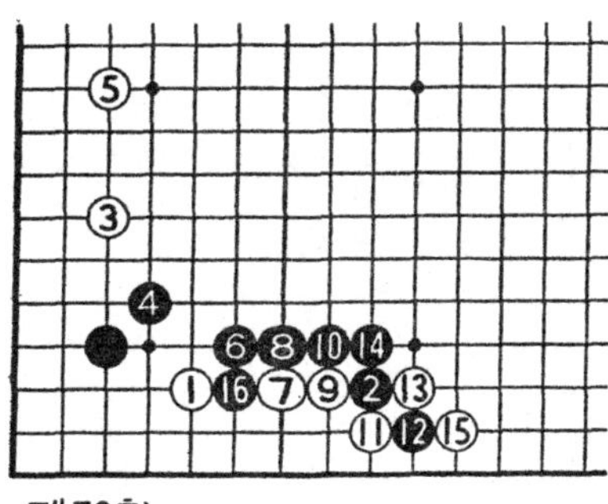

제76형

○제 76 형 (호각)

백이 좌변에 5로 전개하고 싶은 경우의 정석이다. 흑16 까지 적당한 가르기.

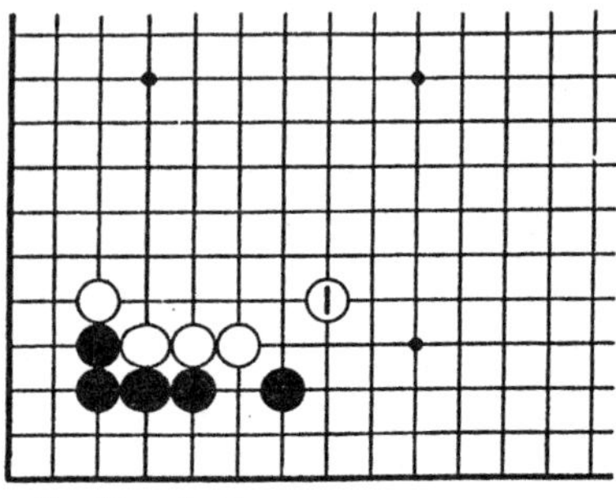

제 1 문 흑선

제 1 문 흑선

백이 1의 날일자로 갔다. 혹의 바른 응수법을 나타내 보아라.

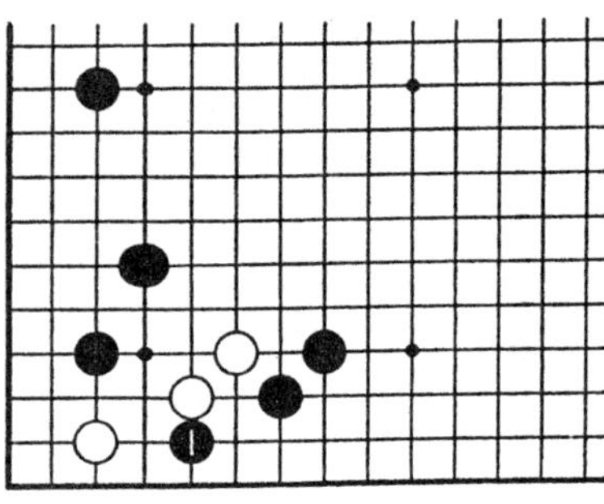

제 2 문 백선

제 2 문 백선

혹이 1로 급소에 붙여갔다. 백은 어떻게 풀어야 할 것인가.

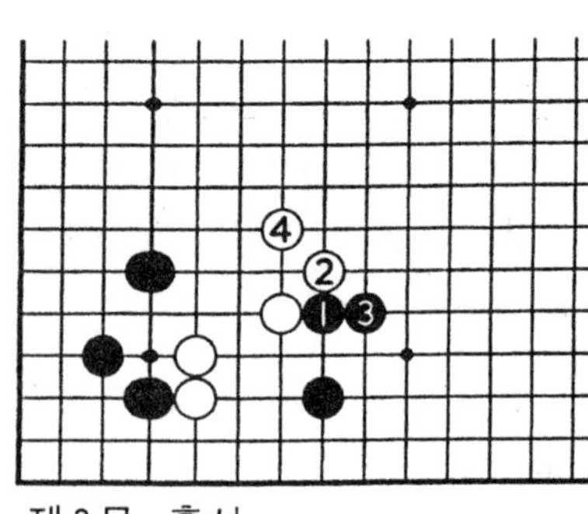

제 3 문 흑선

제 3 문 흑선

백이 2·4로 형을 정돈했다. 혹의 다음 한수는 어디일까.

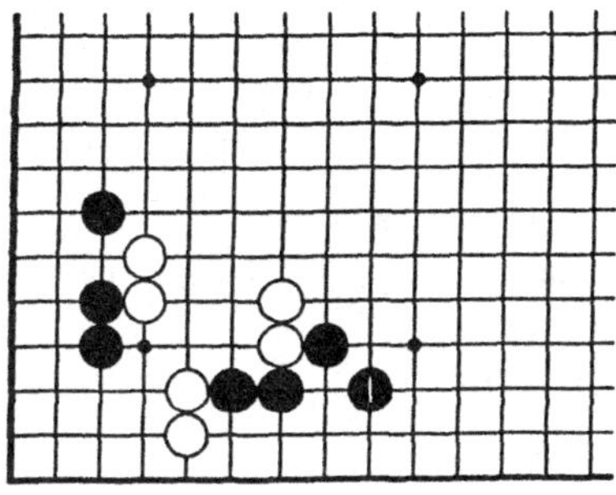

제 4 문 백선

제 4 문 백선

만일 축이 백에 좋다면 백은 어떻게 정해 가야 할 것인가.

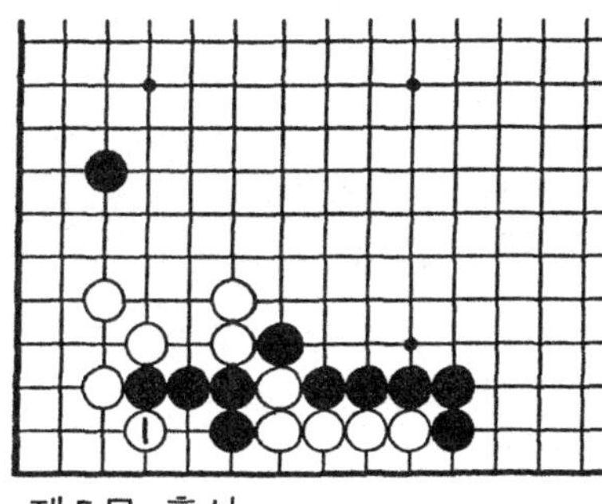

제 5 문 흑선

제 5 문 흑선

백 1 로 젖혀 취하러 갔다. 흑의 다음 묘수는.

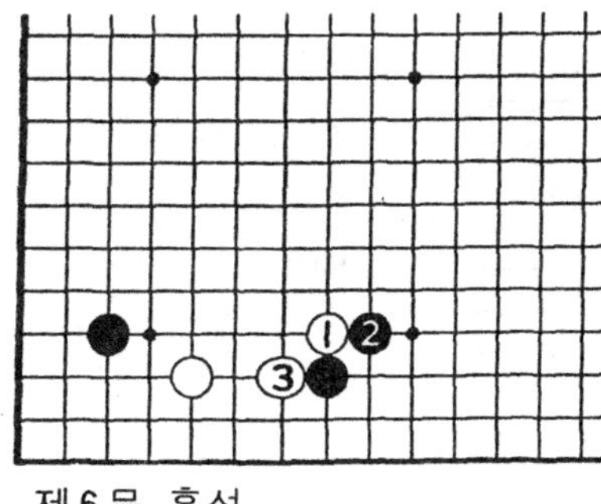

제 6 문 흑선

제 6 문 흑선

백이 1·3으로 놓아갔다. 그러면 흑의 다음 한 수는 어디일까.

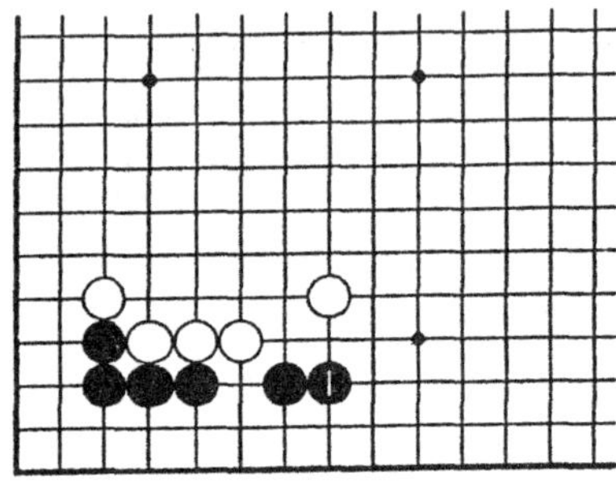

제 1 문

◇연습문제 해답
〔제1문〕
혹1의 나란히 놓기가
정해이다.
이렇게 놓아 백에게
여유를 주지 않는 놓기
는 자주 나온다.

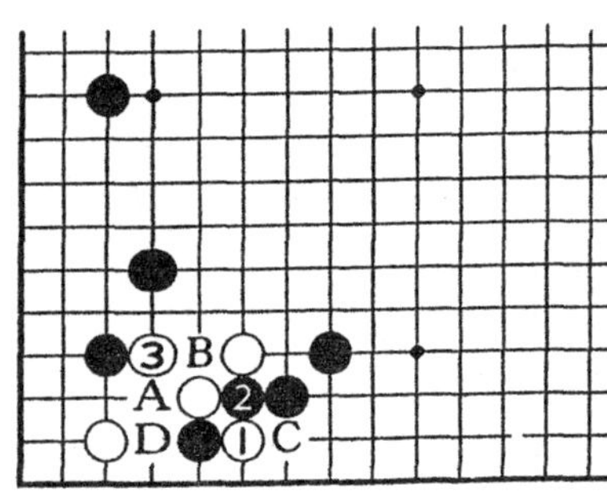

제 2 문

〔제2문〕
한 점 백1로 젖혀내
고, 3으로 마늘모 붙이
는 것이 호수. 다음에 흑
A라면 백B이고, 흑C라
면 백D로 풀기.

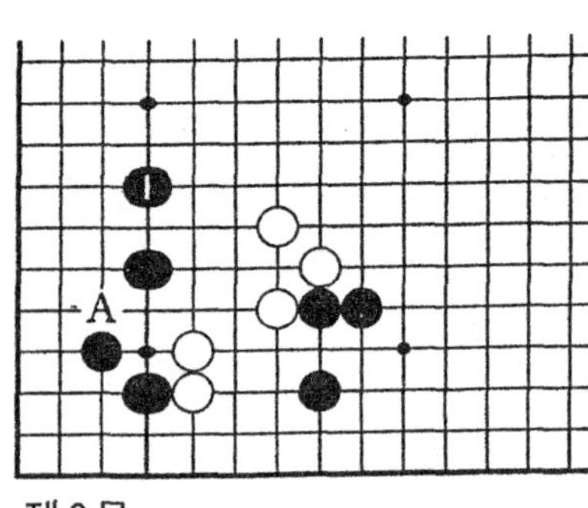

제 3 문

〔제3문〕
흑1로 한 칸에 준비
하는 한 수. 이것을 놓아
두지 않으면 백에게 A
의 붙여놓기를 먹는다.

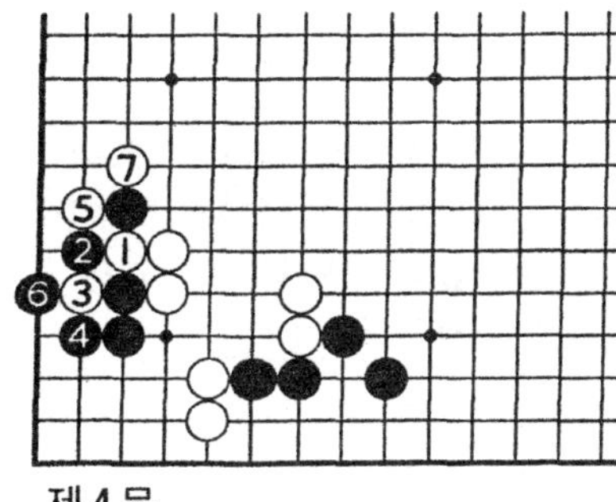

제 4 문

〔제 4 문〕

백1로 내고 3부터 쳐들어가는 수단이 성립한다. 이하 백7 까지로 한 점을 안아 대성공이다.

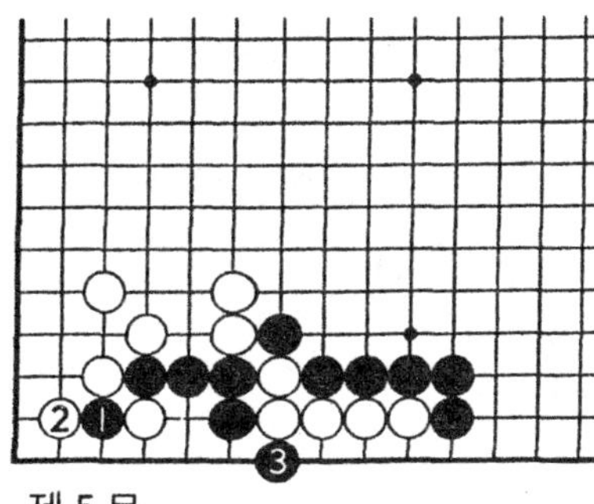

제 5 문

〔제 5 문〕

흑1의 쳐들어가기가 맥. 백에 2로 안게 하고, 흑3을 젖히면 흑은 성공이다.

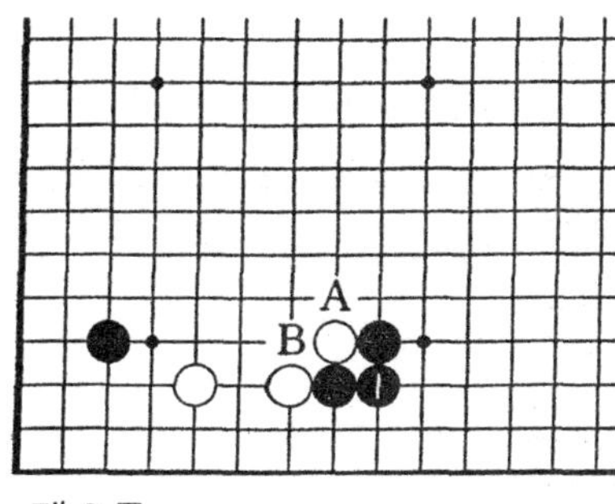

제 6 문

〔제 6 문〕

이런 때는 흑1로 단순히 잇는 것이 바른 것. 흑A로 단수하거나 B로 끊거나 하지 않도록 한다.

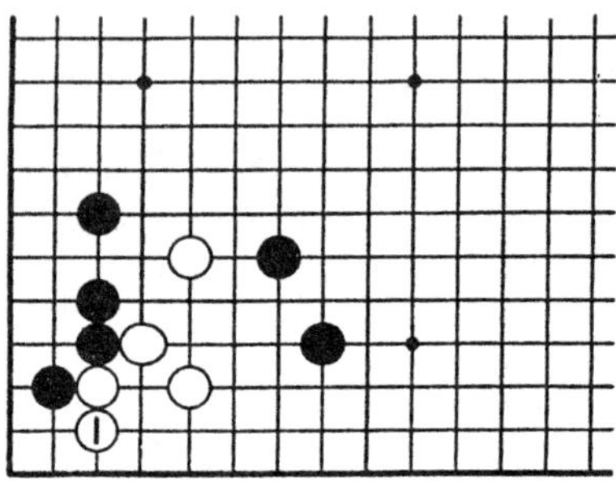

제 7 문 흑선

○연습문제

제 7 문 흑선

백이 깜박하여 1로내렸다. 흑의 어떤 수단이 있을 것 같다.

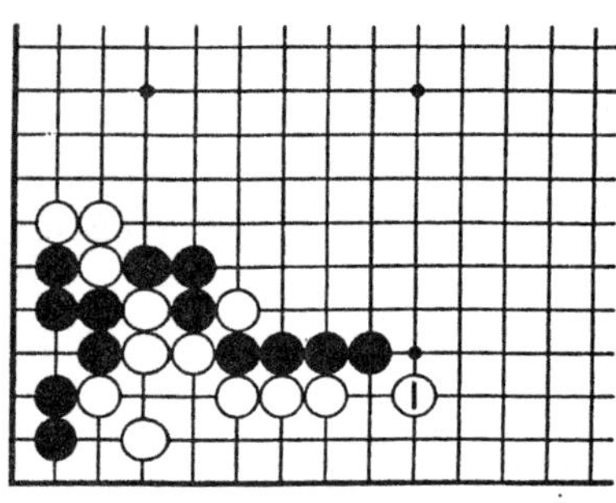

제 8 문 흑선

제 8 문 흑선

백이 여기에서 1로뛴 것은 문제. 과연 흑에게는 어떤 수가 있을까.

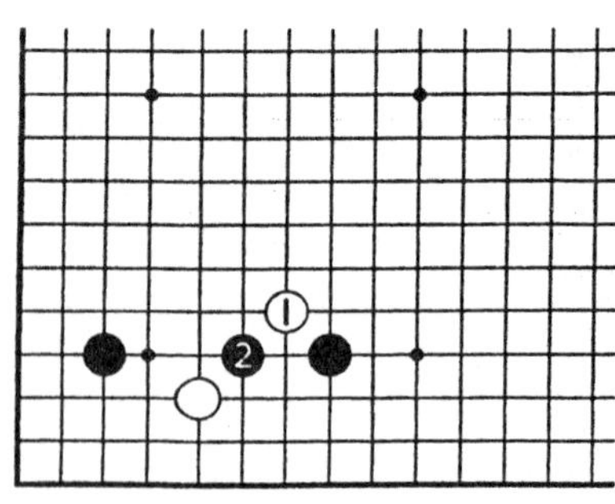

제 9 문 백선

제 9 문 백선

백1로 틈을 벌려 뛴 때 흑2로 갔다. 백을 풀어라.

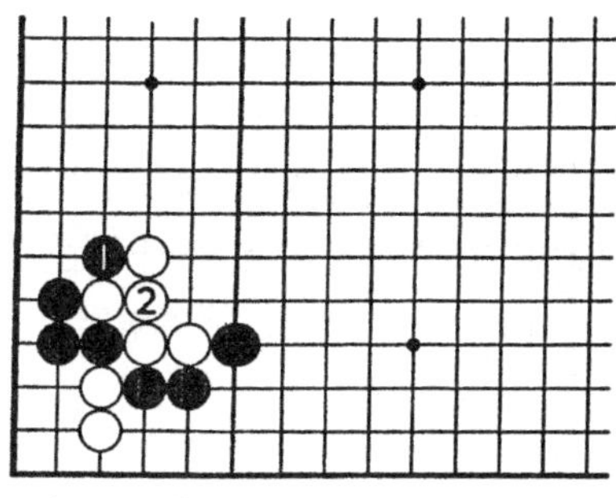

제10문 흑선

제10문 흑선

혹1의 단수에 백은 깜박 2로 이었다. 다음 혹의 한 수는?

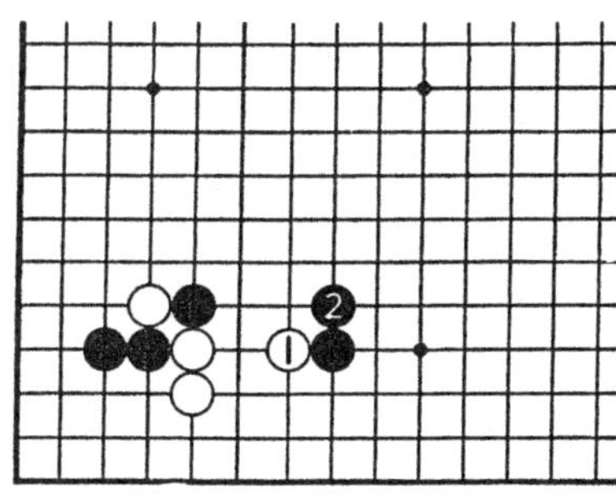

제11문 백선

제11문 백선

백1의 붙이기에 만일 혹2로 섰다면 백은 어떻게 풀까?

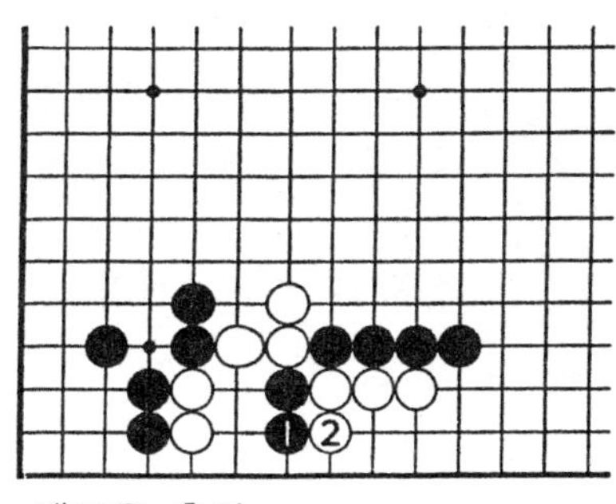

제12문 흑선

제12문 흑선

혹1로 내린 때 백은 2로 눌렀다. 혹의 수단은?

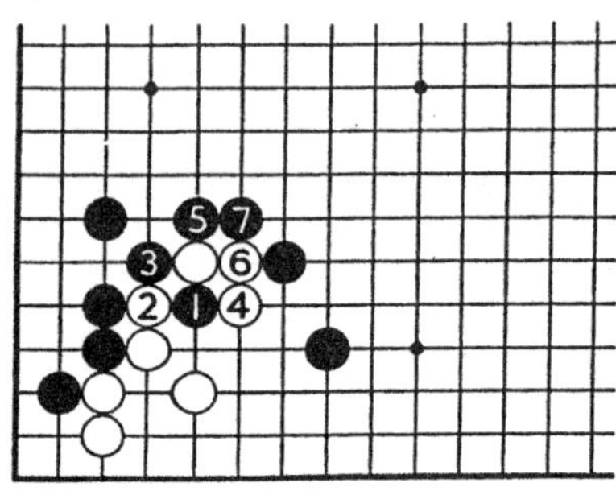

제 7 문

◇연습문제 해답

〔제 7 문〕
 혹1로 붙여놓고 이하 혹7 까지로 봉쇄하는 것이 강력한 맥이었다.

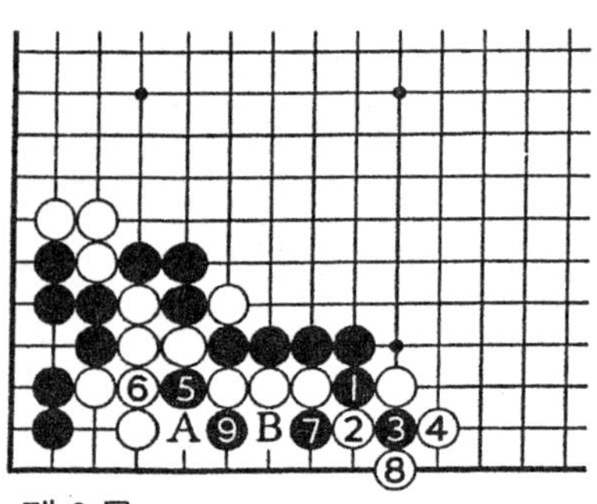

제 8 문

〔제 8 문〕
 혹1에서 3으로 내끊는 수가 있다. 혹9에 백 A라면 혹B에서 백은 전멸이다.

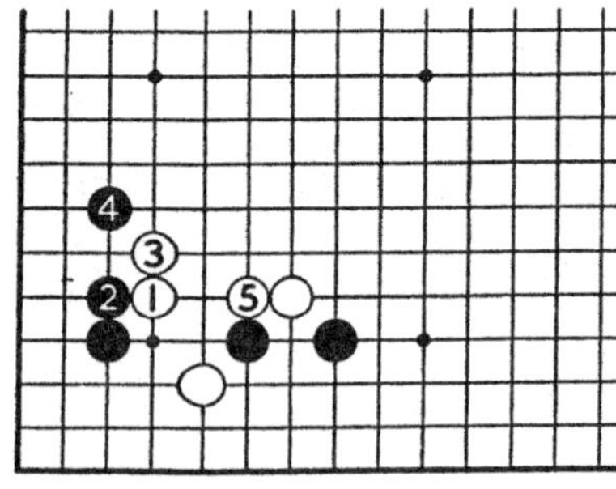

제 9 문

〔제 9 문〕
 백1로 날일자에 걸치고, 3으로 결정한 다음, 백5로 놓는다. 혹의 두 점은 대악수가 되어 있다.

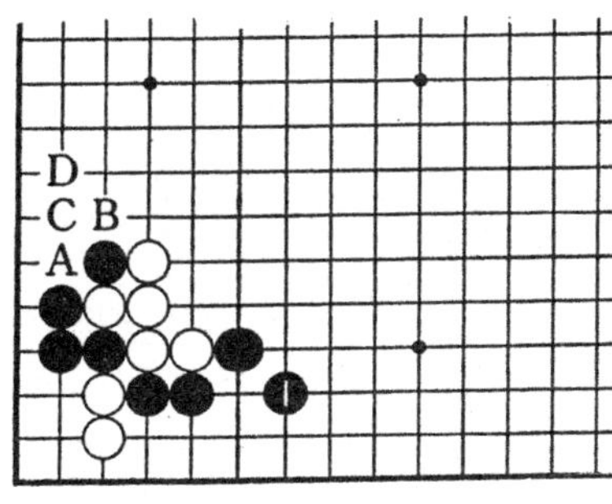

제10문

〔제10문〕

　흑1로 이을 찬스이다. 다음에 백A면 흑B, 그리고 백C면 흑D로 전혀 걱정은 필요없다.

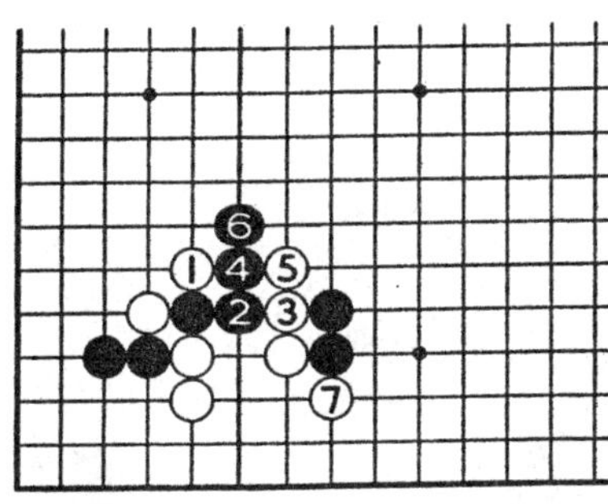

제11문

〔제11문〕

　백1 단수, 3·5로 내어 가는 것이 맥이다. 백 7의 젖히기는 쌍방에게 있어서 놓칠 수 없는 급소이다.

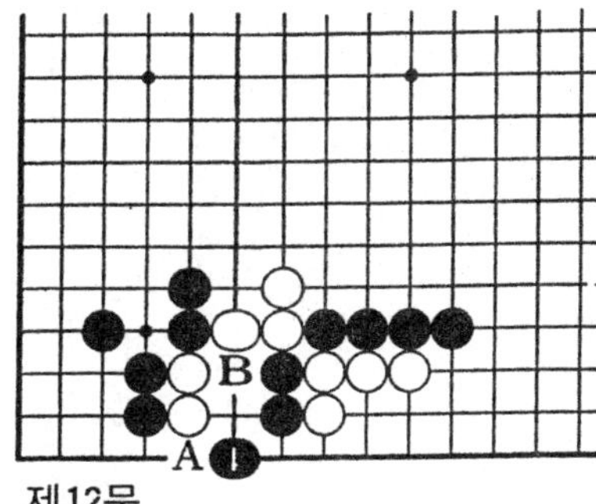

제12문

〔제12문〕

　흑1로 놓는 맥으로 백은 완전히 곤란해졌다. 백A라면 흑B로 잡히고, 백B라면 흑A로 연락된다.

제 2 장

외목 정석

●외목에 대해

제 3 선과 제 5 선의 교점이 외목이다.

즉 집을 우선으로 하는 제 3 선과 중앙 지향의 제 5 선의 교점에 해당하는 것이므로 자재성이라는 점에서 상당히 맛있는 착점이다.

우선 그림을 보자. 이 검은 동그라미가 외목이다. 소목, 고목과 마찬가지로 한 귀에 두 곳이 있다.

이 외목에 대해 상대가 걸쳐온다(들어온다)고 하면, 백 B의 소목이나 C의 3·3이 보통이다. 또 백 D로 높이 걸치는(높이 거는) 수도 자주 사용된다.

자재성이 있다고 하였는데, 외목은 집의 확보에 적합하

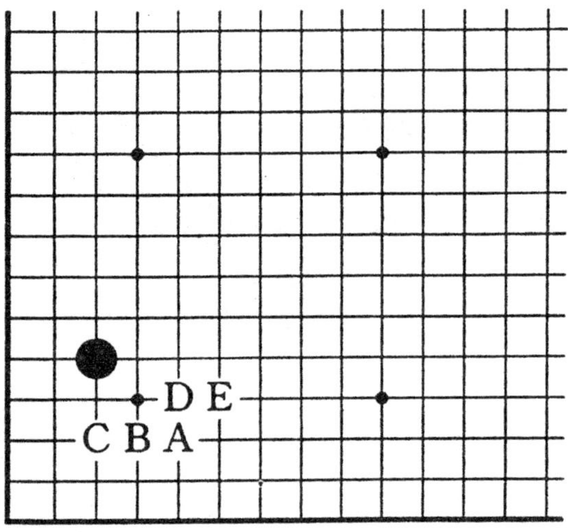

기도 하지만 두꺼운 맛에도 적합하다——라는 의미이다.

만일 상대(그림의 경우 백)가 B로 들어와 주면 흑D로 걸친다, 또는 흑E로 비스듬히 걸치는 등 여러 가지의 취향이 성립한다. 이것을 만일 백이 꺼려 안으로 들어가지 않으면 흑은 B로 굳힐 수가 있다. 이것은 B의 소목에서 흑돌로 날일자에 굳히는 소위 날일자 굳히기로 환원되는 것이다. 그렇다면 아무도 외목에 놓지 않아도—— 라는 말이 나오게 되겠지만, 결과는 같아도 그 과정은 상당히 다른 것이다.

상대가 들어오지 않으므로 날일자 굳힘의 형으로 놓는 것이며, 만일 들어오면 국면은 전혀 다른 방향으로 진행되어 가게 된다.

또 흑D나 E의 걸치기를 꺼려 백이 D로 높이 걸치는 것은 예상된다.

이에 대해서는 이번에는 흑B로 놓아 귀를 확보하는 놓기가 가능하다.

이것은 귀의 집이 상당히 커질 것이고, 그런 점에서 외목으로 놓은 효과는 상당히 크다고 할 수 있다.

외목에서 생긴 변화도 매우 많아 모든 것을 마스터하는 것은 곤란한 일이다. 하물며 대사 걸치기 정석은 대사 백변이라고도, 천변이라고도 일컬어질 정도로 난해하다. 그러나 그 중에서 자신이 좋아하는 것을 연구하는 노력을 기울이기를 권하고 싶다.

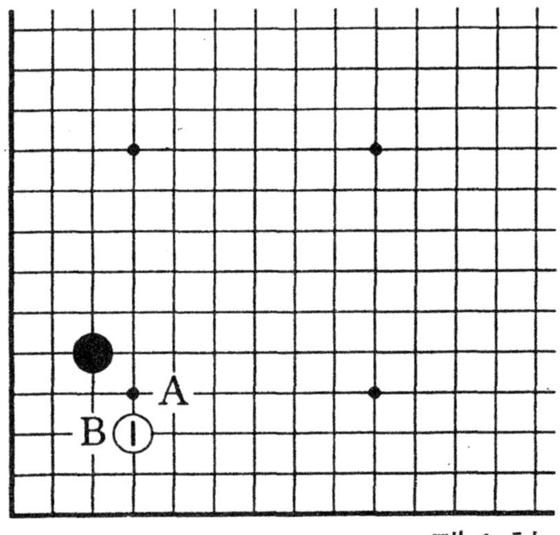

제 1 형

14. 소목 넣기 —— 날일자 걸치기

○제 1 형

외목의 흑에 대해서 백의 일반적인 놓기는 두 가지가 있다.

그 하나가 이 백1의 소목 넣기이고, 또 하나는 백A의 높이 걸치기라고 불리우는 것이다.

또 때로는 백B로 3·3에 넣는 편이 좋은 경우도 있다. 이상 세 가지 방법의 기본 정석을 다루어 보겠다.

1도(날일자 걸치기)

가장 대표적인 놓기가 이 흑2의 날일자 걸치기. 백3으로 한 점 벌려 백5로 뛰는 것이 형이다.

흑A나 B로 눌러 정하는 놓기도 있으나 잠자코 정하지 않고 흑6으로 천원에 벌려 두는 것도 훌륭한 정석이다. 백의 실리에 흑의 모양이다.

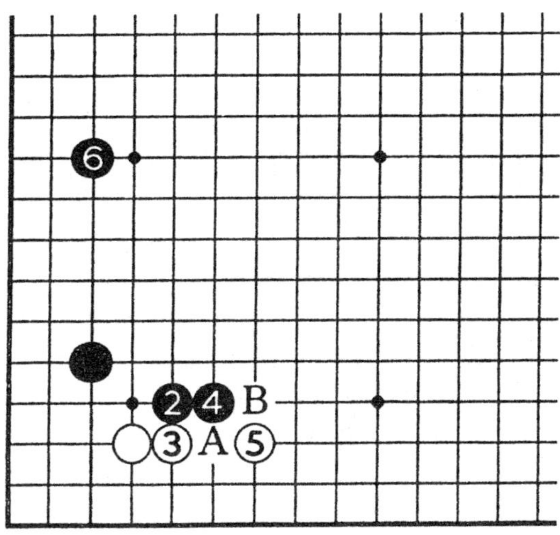

1 도

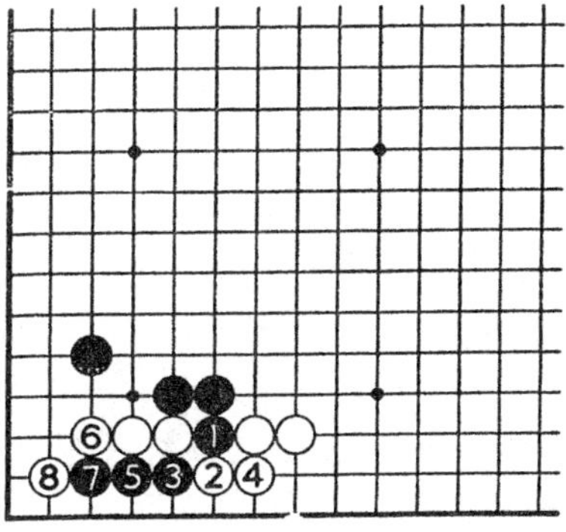

참고도

◇ 빨리 뛰어낸다

1 도 백 5 로 뛰는 것은 웬지 얇은 느낌이 들지만, 이것에서 흑부터 놓아도 아무런 수는 없다.

참고도 (내끊기는 두렵지 않다)

예를 들면, 흑 1·3 의 내어끊기이다. 그러나 백 4 로 이어져, 흑 5 이하 백 8 까지가 되어 싸워도 흑 패배이다.

즉 이와 같이 수가 없는 곳은 1 도 5 로 뛰어내는 것이 좋은 것이다.

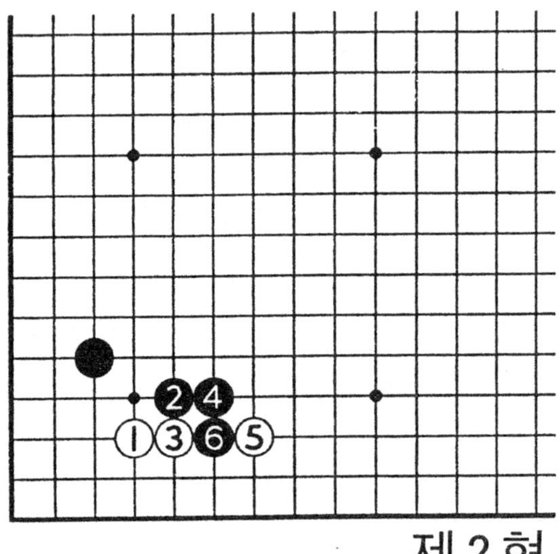

제 2 형

○제 2 형

백 5 까지는 전형과 같다. 여기에서 흑 6 으로 내어 정해 가는 놓기와 그 정석을 다루어 보겠다.

1 도 (쳐들어가기)

당연 백 7 로 누른다

그러면 어디부터 끊을 것인가가 문제. 그 형은 흑 A 로 끊어도 백에 8 로 이어져 안된다는 것은 이미 실증이 끝났다.

그렇다면 흑 8 밖에 없다. 백 A 의 잇기라면 흑 B 에서 축이므로 백도 9 로 안는 한 수이다.

여기에서 흑 A 로 끊는 것은 흑 8 을 취하게 하여 더욱 나빠진다.

흑 8 로 끊은 것은 다음 그림——

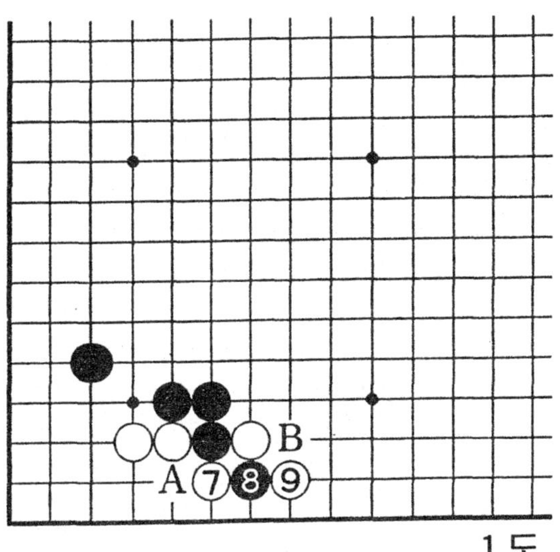

1도

◈ 끊기는 방향

끊기는 유력한 수단이지만 끊는 방향이 상당히 어렵다. 깜박 반대로 끊으면 손해를 잃게 된다. 1도 흑 8의 끊기에서,

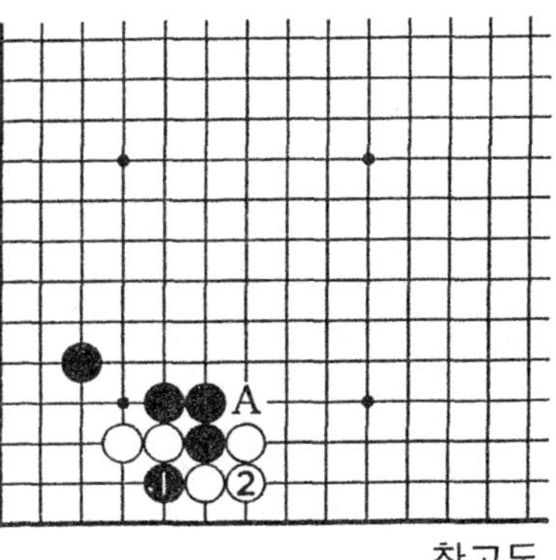

참고도

참고도(실패)

이 형의 경우는 흑1로 끊으면 백에 2로 이어져 흑부터 A를 선수로 놓을 수 없게 되는 것이다(다음 페이지 2도와 비교).

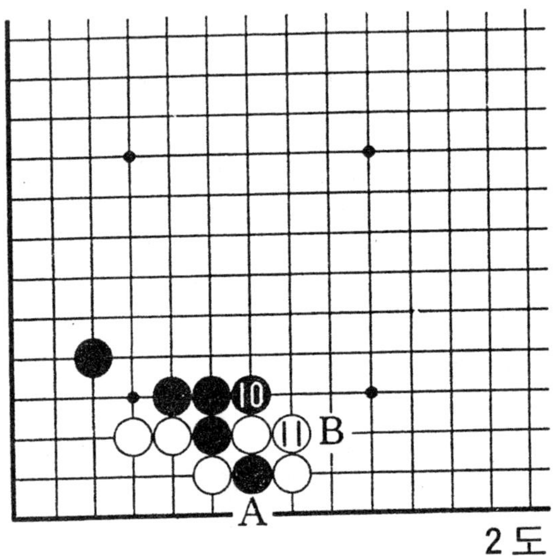

2 도

2 도(위에서 살린다)

흑10으로 위에서 단수를 살릴 생각이었던 것이다.

여기에서는 백11로 잇는 것이 보통이다. 백11에서 A로 빼면 흑11의 단수로 살게 해버린다. 그리고 백 잇기라면 흑B로 내뻗어지고, 백은 하변에 눌러붙여진 모습이 되어버린다. 이것은 백으로써는 상당히 괴롭다. 그러므로 백11로 붙인 것이다.

이어서 ──

3 도(끊기의 의미)

흑12로 끊는다. 백13의 취하기에 대하여 흑A로 뻗어도 백·B로 뻗어져 들어가기가 되어버린다. 이것은 이미 서술한 대로이다.

그러면 왜 12로 끊었느냐 하면 ──

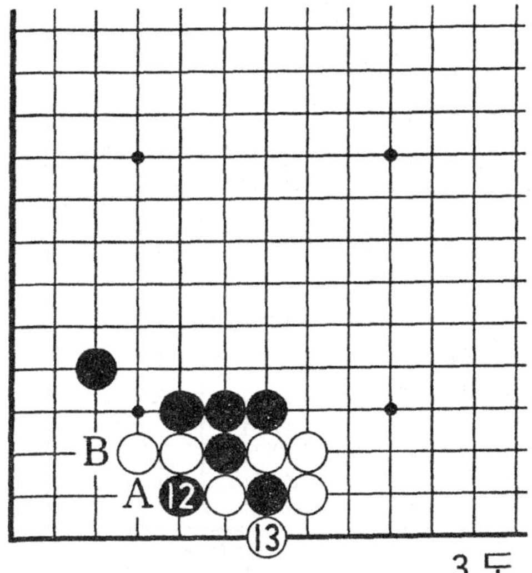

3 도

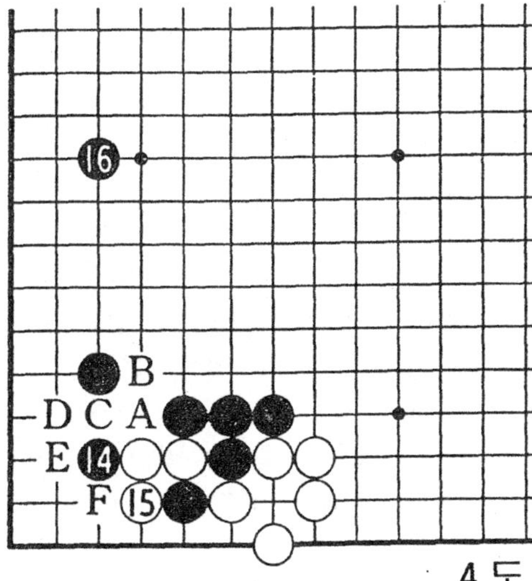

4 도

4도 (일단락——호각)

흑14를 살리고 싶기 때문이다. 이 14와 백15의 교환은 좀처럼 무시할 수 없다.

그것은 이 흑14를 놓기 위하여 장래 백에게 A로 내어도 흑B, 그리고, 백C에 흑D로누르기가 듣는 것이다. 이어서백은 E로 끊을 수 없다. 흑F로 단수가 되어버리기 때문이다.

흑은 백15로 찌부러져 있고, 16의 천원으로 전개한다.

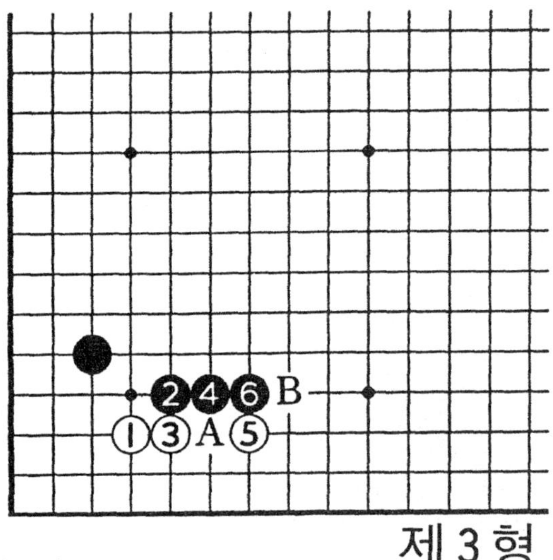

제 3 형

○제 3 형

이번에는 백5로 뛴 때에 흑6으로 눌러 정해가는 것이
이다.

이 경우는 흑A를 보유한다. 그 이유는 1도에서 설명
했지만, 흑6에 대해 백B로 젖혀지지 않는다는 것은 누구
라도 알 것이다.

1도(2단 젖히기)

백7에 대해 흑8로 눌러간다.

백9·11의 2단 젖히기는 상당히 강력한 수단이다. 이
에 대해 흑에서의 상당히 좋은 정하기가 있는 것이다.

또 백11의 2단 젖히기에서 백A로 뻗을 때는 단순히
흑B로 천원을 점령한다. 그 경우의 흑C와 백D의 교환
은 없는 편이 득이다. 장래의 패재로 이용하고, 무엇보다
도 당면, 흑돌이 공배 메꾸기가 되어 있지 않은 것이 좋은
것이다.

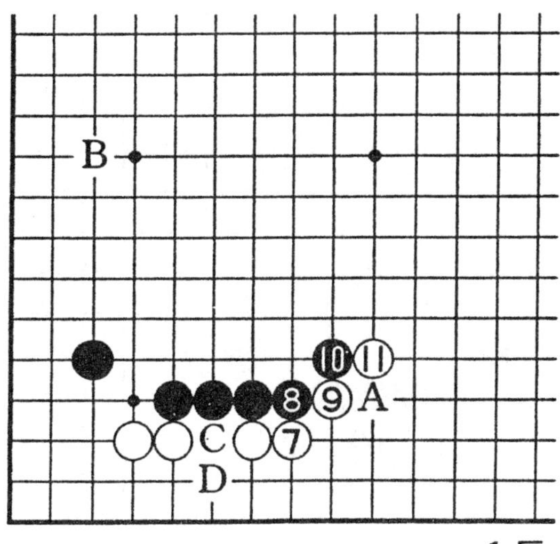

1도

⊠ 수순의 잘못

1도 백11에 대해서,
참고도(실패)

곧 흑1·3으로 정하
는 것은 무책. 뒤에 흑
A로 내고, 백B 때 흑
C로 쳐들어가도, 백D에
서 아무런 단서도 얻을
수 없다. 흑E의 붙이기

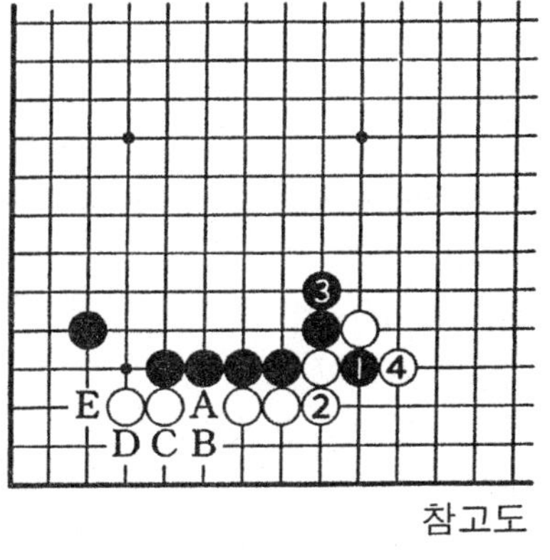

참고도

가 선수로 살지 않는 것이 흑의 곤란이다. 다음 페이지 2
도～4도로 잘 비교하기 바란다.

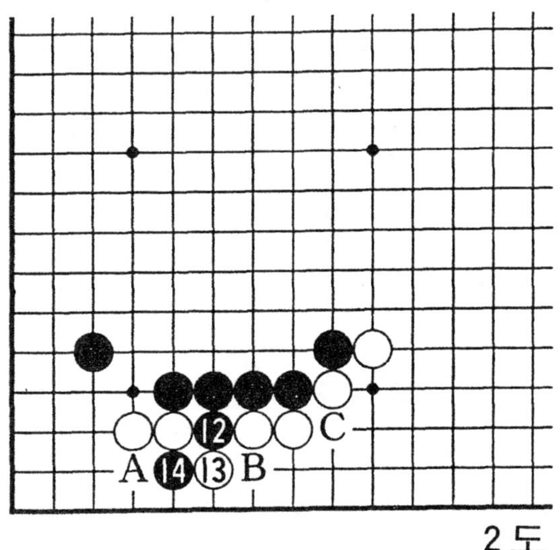

2 도

2 도(중요한 끊기)

여기에서는 흑 12 로 내고, **14**의 끊기부터 모양을 보는 것이 수순이다.

이 형을 잘 보면 알겠지만, 백 A로 안을 수가 없다. 만일 안으면 흑에 B의 끊기부터 C 양쪽 대기를 겨냥당하기 때문이다.

그리고——

3 도(수순의 묘)

백 15 로 잇는 한 수.

흑은 여기까지를 정해 두고 16·18 의 상법에 따를 것이다(이 다음 백 A라면 흑 B, 백 C, 흑 D, 백 E, 그리고 흑 F 가 된다).

그러면 백 15 이하 흑 18 까지 앞 페이지 **참고도**와 어느

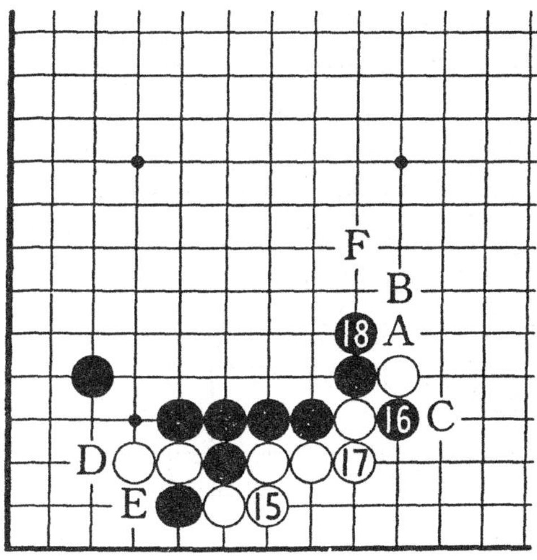

3 도

정도 다른가 하면, 본도는 이 뒤 흑D의 붙이기가 선수로 사는데 비해, 앞 페이지 참고도는 같은 도 흑E의 붙이기가 선수로 살지 않는다. 이 차이가 큰 것이다.

4도 (일단락——호각)

본도에 들어간 다음은 특별한 것도 없다.

흑20의 단수를 살리고 더욱 22의 붙이기도 살려 흑24의 천원으로 도는 것이다.

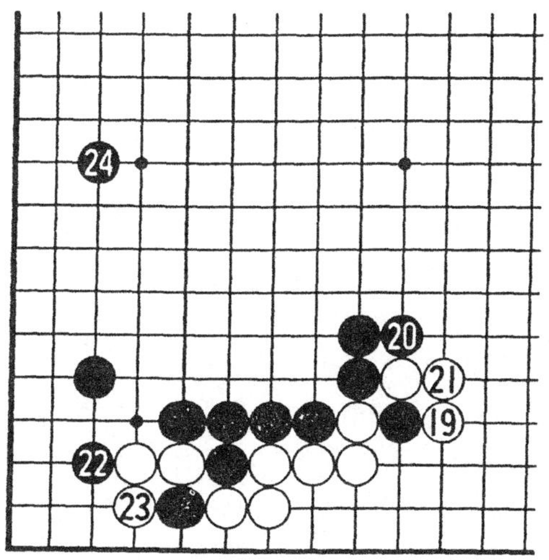

4 도

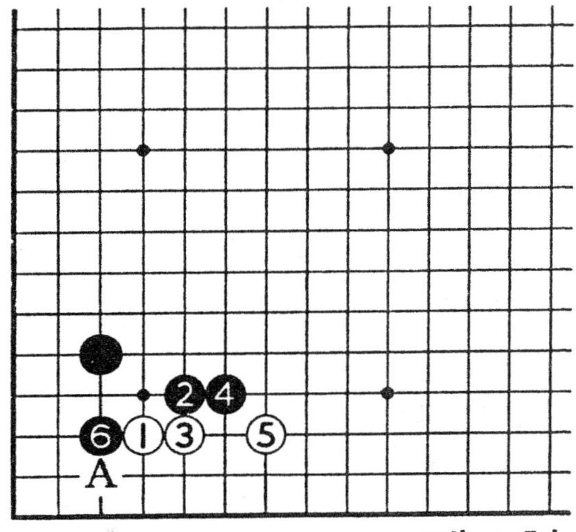

제 4 형

○제 4 형

흑2 의 걸치기에서 백5 까지는 전형과 같다.

여기에서 흑6 으로 귀에 붙여 정해가는 놓기가 있다.
이것에 대해 백A로 받는 것은 다음 참고도에서 볼 수 있
듯이 안된다.

그래서 백으로써는 왼쪽 두 점을 가볍게 보고 오른쪽(하
변 일대)에 모양을 뻗을 것을 생각한다.

우선——

1도 (일단락 —— 호각)

백7 로 붙여잇는 것이다. 그것에 대해 흑A로 젖히면 백
에 B로 되젖혀진다. 게다가 백이 8로 넬 염려가 있다.
그래서 흑8 로 수를 되돌려 둔다. 백은 더욱 9로 한 칸
에 뛰어잇는 것이다. 이렇게 되면 흑도 당초의 방침대로
10 으로 한 점 내어 12로 귀를 안정시키게 된다.

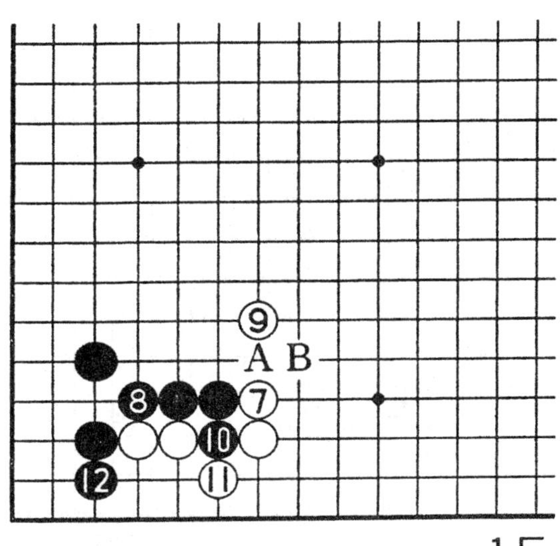

1도

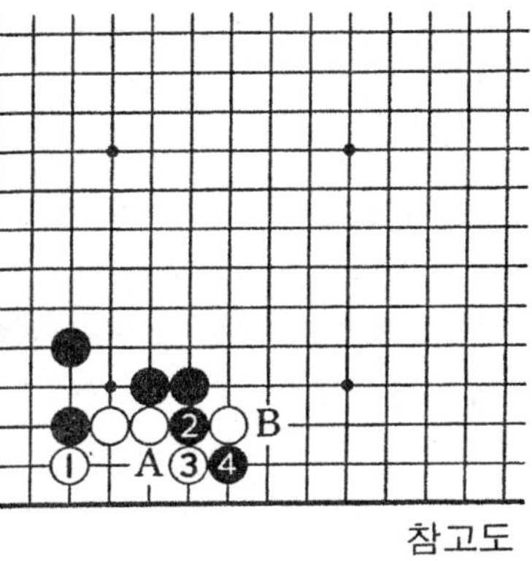

참고도

◫상대에게 찬스를 준다

바둑의 작전 중 하나로 상대의 생각대로 말려들지 않는 것을 들 수 있다. 상대가 겨냥하고 있는 대로 놓으면 지는 것은 뻔한 일이다. 제4형 흑6에 대해

참고도(백 끼우기)

백1로 응하면 흑2·4로 내끊는 수가 있다. 백A라면 흑B로 축에 안긴다.

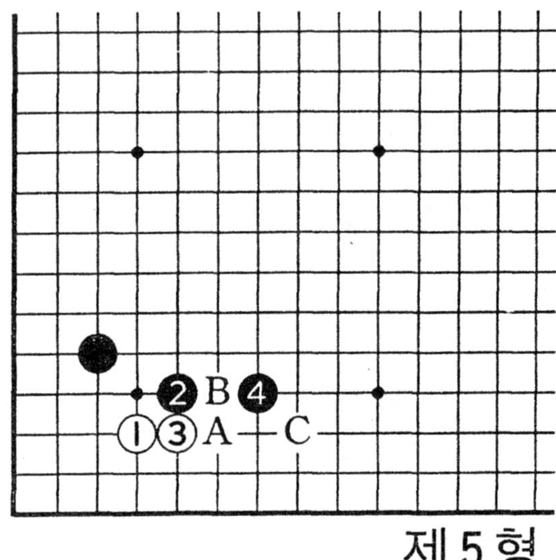

제 5 형

○제 5 형

흑2로 걸치고 백3으로 뻗어 흑4로 뛰는 변화도 있다.

여기에서 백A로 뻗으면 흑B로 붙이는 것이다. 그때 백 C로 뻗으면 백은 이제까지와는 달리 세 점 뻗기에서 뛰 게 된다(전형과 비교해 보자).

전형까지는 두 점 뻗기에서 뛰었다. 한 점이라도 쓸데 없이 뻗게 하는 것은 그만큼 백이 이용될 가능성이 커지 는 것이다. 그래서 백도——

1도(일단락——호각)

5로 젖혀간다. 흑6·8로 대어 잇는다.

결국 백은 11까지 세 점 뻗어 뛰는 형이 되었으나, 흑 의 형에도 결점이 남았으므로 적당한 갈림이라고 할 수 있 다.

이 형은 장래 백이라면 A의 젖혀내기의 겨냥이 남는다.

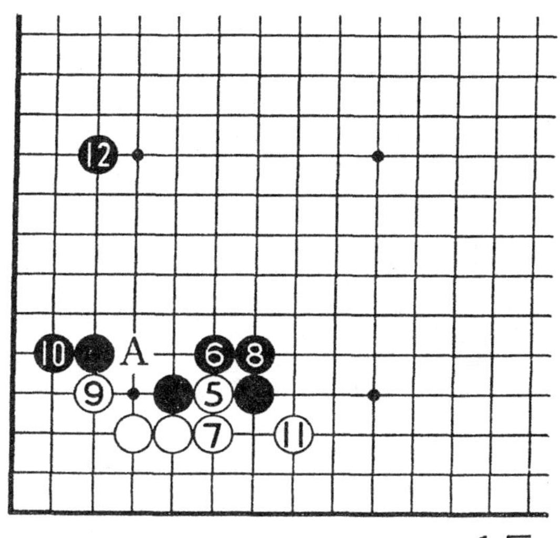

1도

⊠받는 형

1도 백9 마늘모 붙이기에 대해 흑10으로 내린 것은 잔뜩 버티는 수이다. 귀로 뛰어넣는 맛 등도 남아 있다.

백A의 결점이 남은 것도 분명. 그리고 만일 결점을 남기지 않으려면

참고도(견실한 받기)

참고도

흑1로 받는 것이 견실한 수법으로 형이 된다.

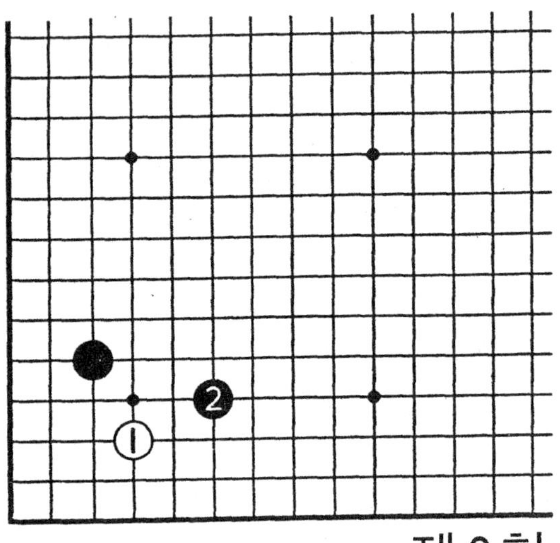

제 6 형

15. 대사 걸침

○제6형

'대사 백변' 이라고도 '대사 천변' 이라고   일컬어지듯이, 이 대사 걸침 정석의 수도 상당하고, 그 변화도   실로 다양하다.

대사 정석만으로도 족히 책 한 권은 될 것이므로, 여기에서는 이 기본적인 형만 서너 가지 다루어 보겠다

백1의 소목 넣기에 흑2로 눈목자에 걸치는 것이 대사 걸침이다.

1도 (뛰어붙이기)

백3으로 뛰어붙여 흑을 좌우로 분단하려는 것이 가장 보통인데, 가장 강한 태도이기도 하다.

흑도 4로 젖혀넣어 버틴다. 백5는 어쩔 수 없다. 흑6에 이어 백이 어떻게 붙이는가에 의해 변화해 간다.

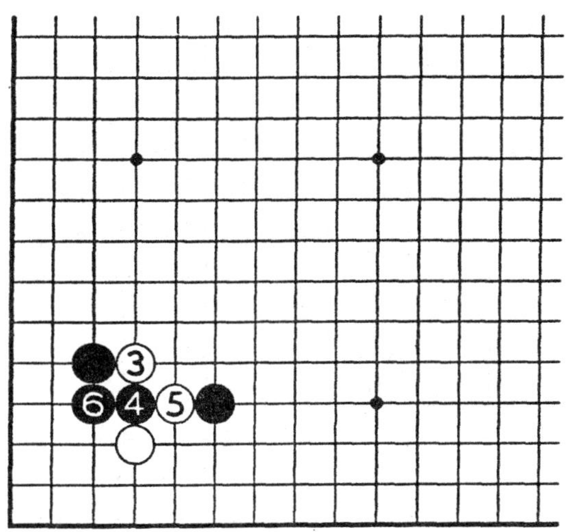

1 도

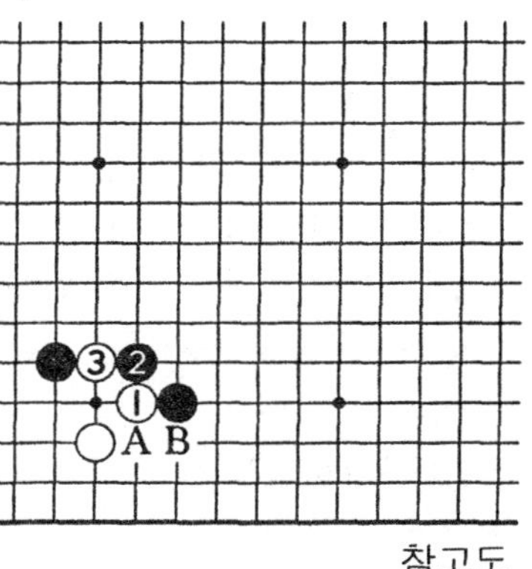

참고도

◇대사 걸침은 결점의 원인

대사 정석만은 어지간히 단단히 공부해 두지 않으면 위험하다. 최초의 변화만도 상당한 수이므로, 희미한 기억만으로 대사를 놓으면 도중에서 뭐가 뭔지 몰라 혼란되어 버린다.

참고도(일례)

백1·3도 그 하나. 백1 외에 A, B 등이 있다.

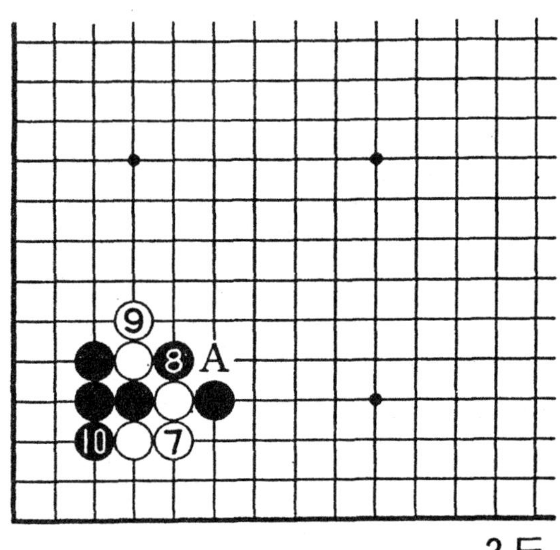

2 도

2도(크게 잇기)

백 7 로 아래를 잇는 것이 강한 태도이다. 흑은 세력 8 로 끊는다. 여기에서 백 9 로 뻗느냐 아니냐가 백의 마음을 엿볼 수 있는 표시가 된다.

백 9 에서 A로 끊는 것은 백이 간명을 기하는 증거이다.

흑10으로 귀에 뻗어넣는 것이 큰 수이다. 이것은 백에게 있어서도 큰 곳. 이어서——

3도(단단히 잇기에서)

백11로 뻗는다.

흑12의 단단히 잇기에서 여러 가지로 변화되어 간다.

흑 12 에서는 A의 누르기, B의 뻗기 등 다른 방법이 있다.

백 13의 뛰기에——

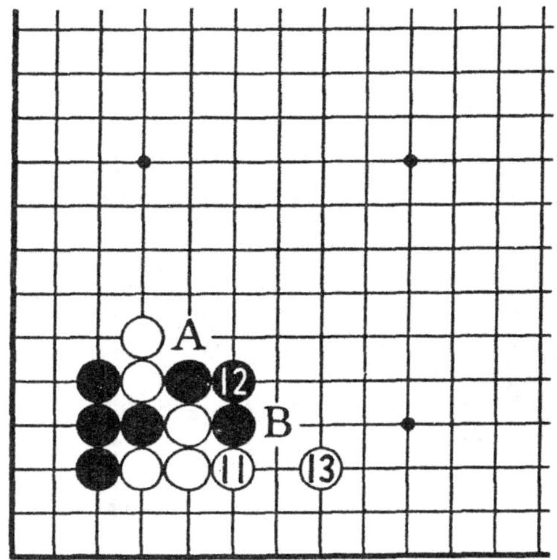

3 도

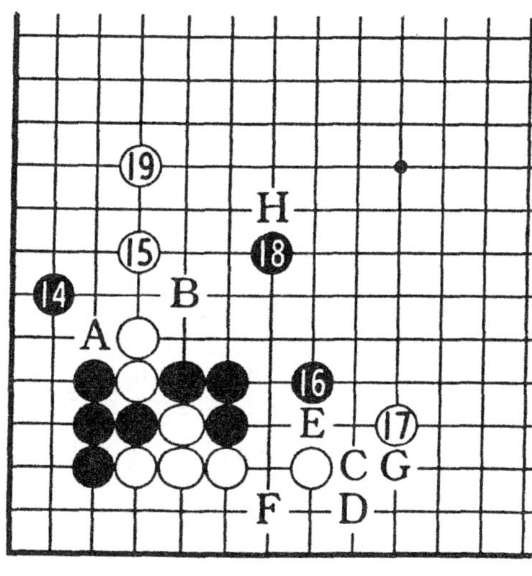

4 도

4도 (일단락——호각)

좌변 백 A 의 누르기가 크므로 흑 14 로 달린다.

흑에 B 로걸쳐지면 두 점이 꼼짝할 수 없으므로 백도 15 로 뛰어낸다.

흑 16 은 호점. 흑의 형을 정돈하는 호점이기도 하다.

백 17 을 빼면 흑 C 로 붙여져 백 D 에 흑 E, 백 F, 흑 G 로 압박당한다.

흑은 18 (흑 H 도 있다) 로 뻗고, 백 19 가 되어 일단락이다.

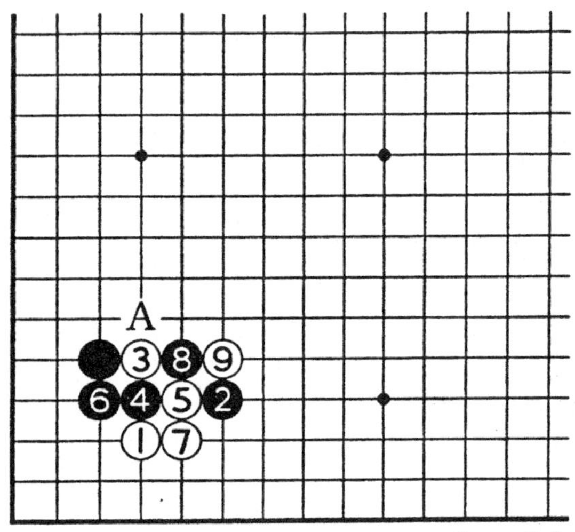

○ 제 7 형

좀 수수가 길기 때문에 보기 흉할지도 모르지만 흑 8 까지는 전형과 같다.

여기에서 백A로 뻗어내지 않고, 한 점을 버리고 백 9 로 단수하는 수는 난해를 피하여 알기 쉽게 ── 라는 기분이 있다.

1도 (중요한 단수)

흑은 10 으로 뺀다.

백 11 의 단수가 중요. 이것을 삼가하여 백A로 안으면 흑에 B의 단수를 살게 하여 흑이 우세해져 버린다.

백 11 에 대해 흑도 잇는 것으로는 백에게 이용당한다 (형도 경단이 되어버린다). 그래서 흑 12 로 귀의 요점을 점령한다.

이런 절충 방법이 교묘하게 힘의 차이를 만들어내므로 이 감각은 꼭 익혀 두기 바란다.

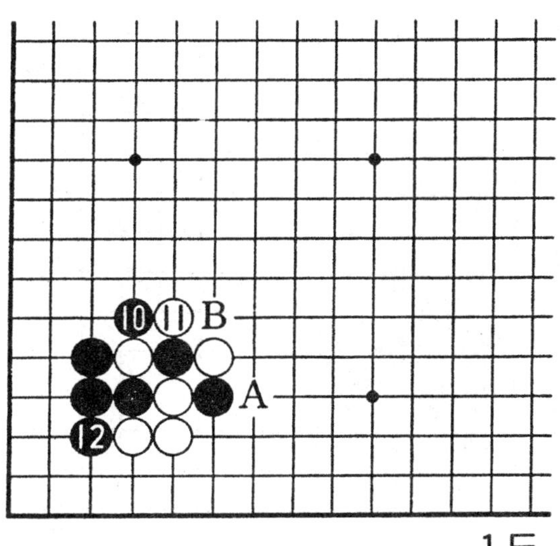

1도

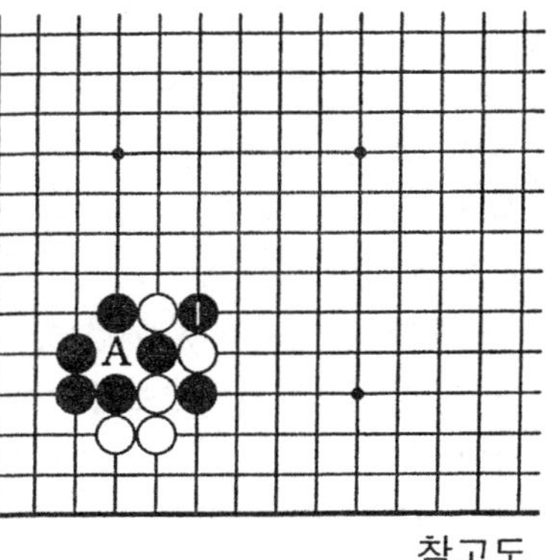

참고도

◇ 절대 패

1도의 백11의 단수에 대해——

참고도(무모)

흑1로 끊으면 패에는 잘못이 없다. 그러나 이 패는 진 쪽이 뿔뿔이 흩어져 버리므로, 우선 A로 취하고, 흑이 어디에 패 대기를 해도 상관없이 붙여 패를 해소해 버릴 것이다. 흑1은 무모한 수이다.

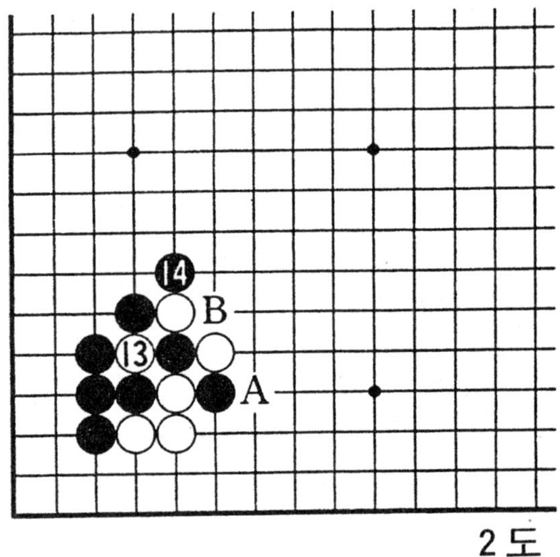

2 도

2 도 (초기에 패 없다)

백은 13으로 패를 취해갔다. 이번에 흑에 13으로 이어 지면 백A로 안지 않을 수 없게 되고, 흑에 B로 끊겨 또 큰 사태를 초래하게 되어버린다.

흑은 14로 젖혀가는 것이다. 이곳은 패를 다투려는 곳 이 아니다. 여기에 균형 패재 등이 전혀 없기 때문이다.

백도——

3 도 (일단락——흑 두껍다)

15로 이어 안정을 기한다. 흑16으로 단단히 잇는 것은 무사히 안정된다.

백도 17로 벌려 준비한다.

이 형은 대사 정석 중에서도 변화가 적은 놓기이다. 형 이 정해지기까지 그렇게 어려운 변화도 없으므로 기억해 두는 것이 간명하다.

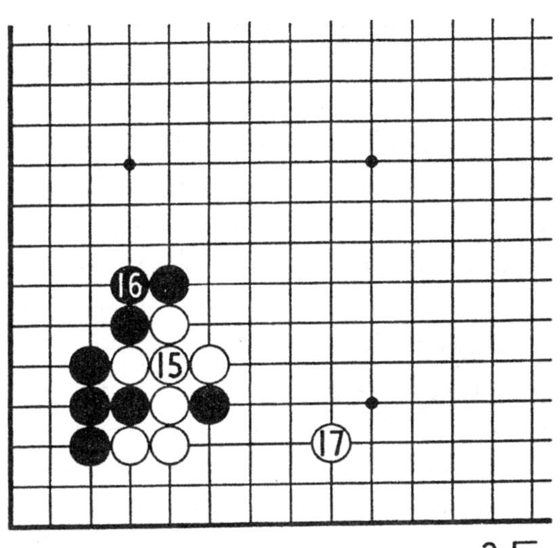

3 도

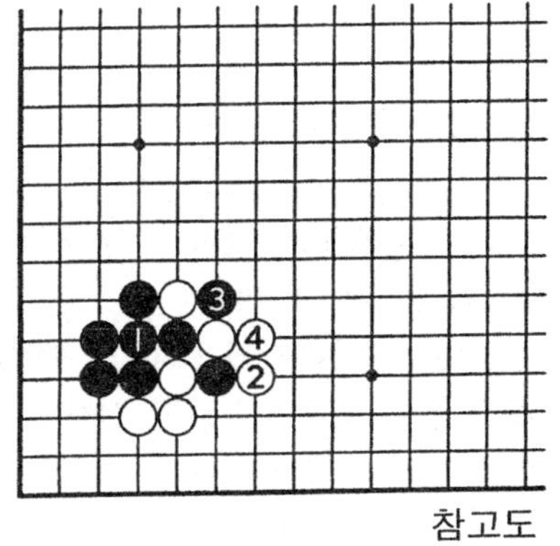

참고도

☒형 정돈 방법

단수이므로 잇는다. 또
는 패에 이길 것 같지 않
으므로 붙여둔다──라
는 소극적인 생각은 좋
지 않다. 1도 흑12는 요
소

참고도(경단의 우형)

흑1로 잇는 것은 경
단이 될 뿐. 귀의 요소가 아직 비어 있다.
2 ∼ 3도의 요령을 터득하도록 한다.

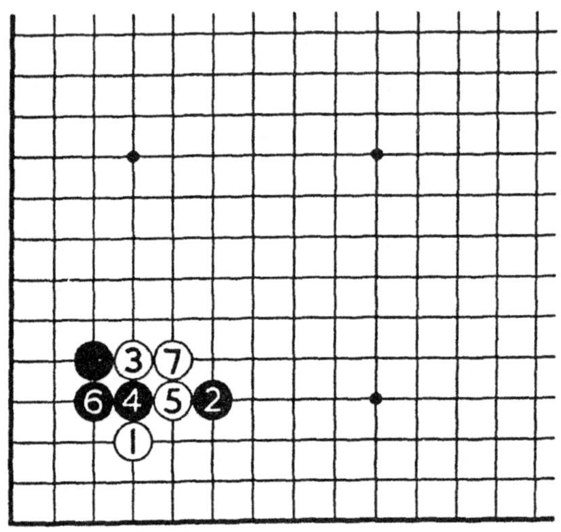

제 8 형

○제 8 형

대사 정석의 난해를 피한다는 의미에서 이 정석도 활용할 수 있다. 변화가 비교적 적기 때문에 혼란스럽지 않다.

흑6 까지 때 백7 로 위를 잇는 것이다. 이렇게 놓으면—

1도(일단락——흑 좋다)

흑8 로 아래를 끊는 한 수.

그리고 백9 로 살려 11 로 단순히 축에 안는(백A 를 놓지 않고) 것이다.

백13 의 취하기에 흑14 는 어쩔 수 없다. 방치하면 백에 14로 놓여 흑의 두 점이 취해져 버린다.

이 결과는 흑의 실리가 백의 두꺼운 맛보다 다소 낫다. 백으로써는 대사의 난해를 피하기 위해서 어쩔 수 없었던 것이라고 할 수 있다. 그러나 두꺼운 맛을 구축하고 싶을 때는 이 정석도 훌륭하게 활용할 수 있을 것이다.

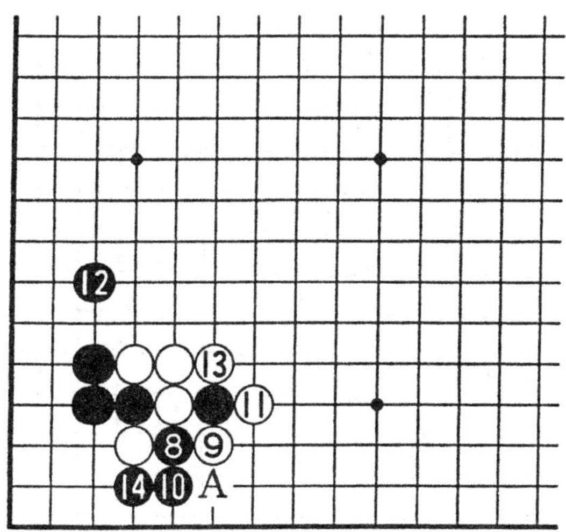

1도

◻축이 나쁜 경우

　1도 흑8로 끊겨 백 9·11의 축이 좋으면 좋지만, 만일 축이 나쁘면 제8형 백7로 위를 잇는 것은 안된다.

　참고도(장문)

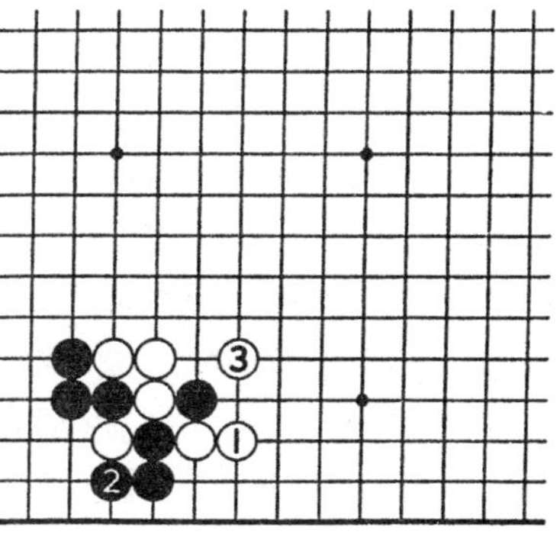

참고도

　단, 그때 백1로 뻗어 흑2로 안은 때에, 백3으로 장문으로 흐르게 하면 모양은 만들어진다.

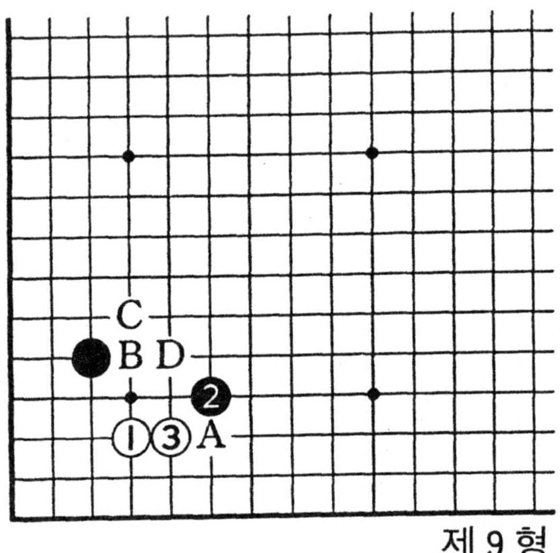

제 9 형

○제 9 형

흑 2 의 대사 걸침에 백 3 으로 나란히 놓아 어려운 변화에서 도망치는 방법도 있다.

흑이 만일 A로 누르면 백B의 뛰어 붙이기, 흑C에 백D로 뻗어 이것은 백이 편한 그림이다. 흑은 좌우로 분단되어 그 양쪽을 돌보아야 하기 때문이다.

따라서 흑도 이 다음──

1도(일단락──흑 좋다)

흑 4 로 연락하는 것이 된다. 백이 5 로 뛰어내면 흑도 6 으로 천원에 전개하는 것이다.

아래쪽의 백은 웬지 믿음직스럽지 않은 형을 하고 있다. 한편 흑 쪽에도 백A로 빼는 의미도 있고, 우선은 충분한 대비이다. 흑 4 가 한길 아래라면 앞에서 제시한 제 1 형으로 환원한다. 또 귀를 굳히기 위해 백B로 마늘모 붙일 때 흑C로 교환해 두는 것도 한 방법이다.

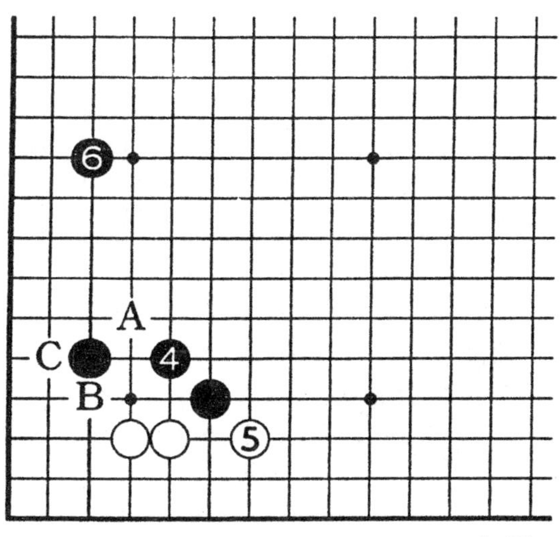

1 도

◇쌍립 이음의 양쪽 빼기

상형의 설명에서도 스치고 지났듯이 같은 도 백3 때,

참고도 (흑의 주의점)

흑1로 누르면 백2·4로 붙여 뻗는다. 여기에서 흑5로 뻗는 형은

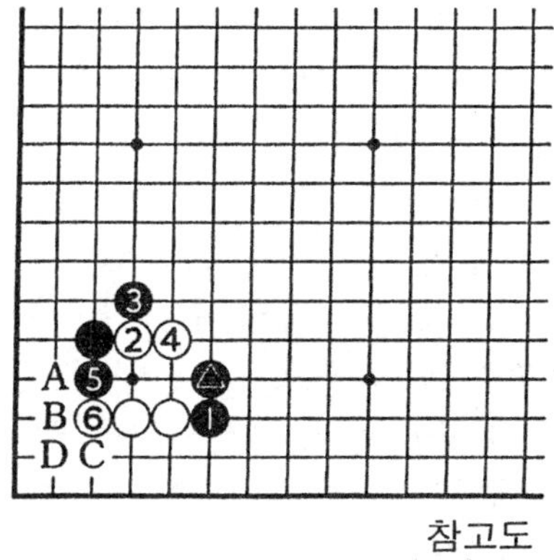

참고도

'쌍립 이음의 양쪽 빼기'(△과 5에서 빠져 있는)의 나쁜 형이 되어 있으므로, 흑5에서는 A로 놓고, 백B, 흑6, 백C, 흑5, 백D로 변화한다.

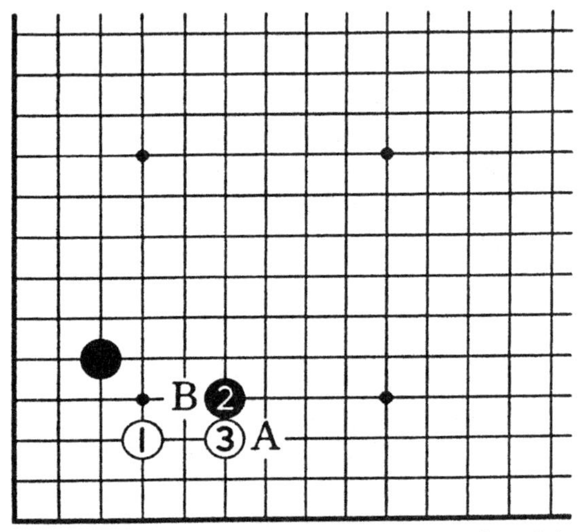

제10형

○제10형

백3으로 뛰어붙이는 것도 간명하다.

흑A로 젖히면 백B로 부풀리는 것이다. 이것은 흑의 허리가 잘려 있으므로 나중에 놓는 방법이 어려울 것이다. (참고도 참조)

그래서 흑도──

1도(일단락── 흑 좋다)

4로 한 점 되돌린다. 백5는 어쩔 도리가 없다. 그리고 백7로 뛰게 된다.

결론부터 말하자면, 이것은 흑이 다소 득이다. 그 이유는 백이 3선을 두 점 뻗으면 좋은 것을 세 점 뻗어져 있는 상황이 되기 때문이다.

구체적 예를 들어 설명하자면, 제1형의 정석에서는 아래쪽의 백이 두 점 뻗어 있다. 그런데 이 도에서는 세 점이 뻗어져 있다. 즉 그만큼 백은 이용당하게 되는 것이다.

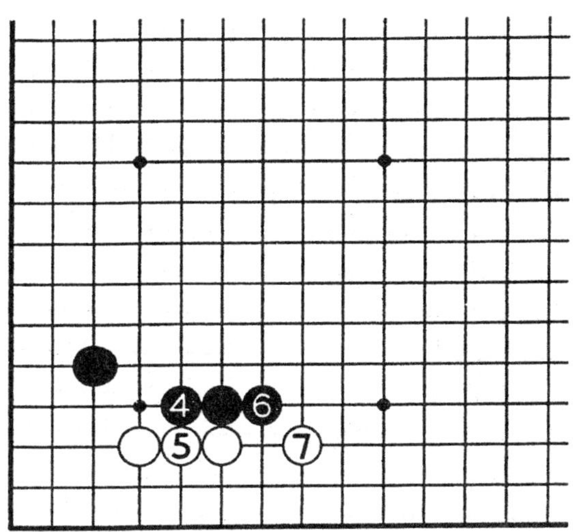

1도

⊠ 분단된 돌

돌은 대개의 경우 분단되면 싸움이 어려워진다. 이것은 바둑은 교환하여 놓고 있는 것이므로 당연한 것일 것이다.

참고도(백 유리한 싸움)

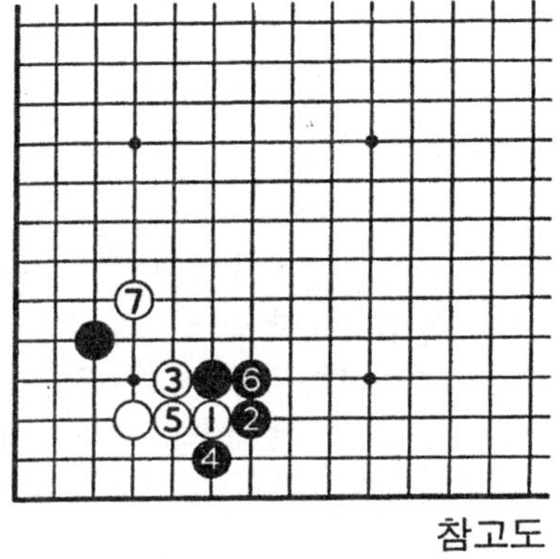

참고도

제10형 백3을 이 한 점으로 바꾸어 보았다. 흑2에 백3으로 부풀게 하면 곤란하다. 백7로 분단되면 백의 재미있는 싸움이다.

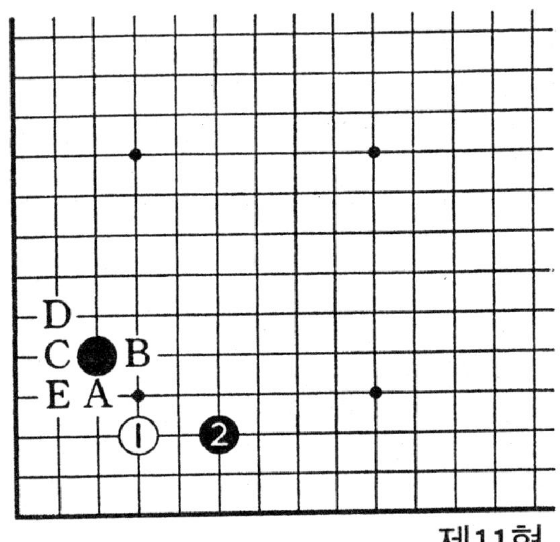

제11형

16. 한 칸 끼우기

○제11형

백1의 소목 넣기에 이번에는 흑2로 끼워가는 수법에 대해서 서술해 보겠다.

때로는 백A로 마늘모 붙이고, 흑B에 백C, 흑D, 백E로 귀에서 사는 형이 되려는 놓기도 없지는 않다(이 수법은 나의 스승, 故木谷實 선생이 자주 사용했었다). 그러나, 보통은 역시 흑을 좌우로 갈라 중앙으로 가는 것이다. 예를 들면 이 다음——

1도(일단락——백도 싸운다)

백3·5로 붙여뻗는 것이 간명. 흑8까지로 귀는 주지만, 백9로 준비하면 상당히 두꺼운 맛이 생긴다.

이것이라면 초급자라도 비교적 쉽게 외울 수 있을 것이다. 그러면 다음 백3에서 A로 내는 수에 관하여 서술하겠다.

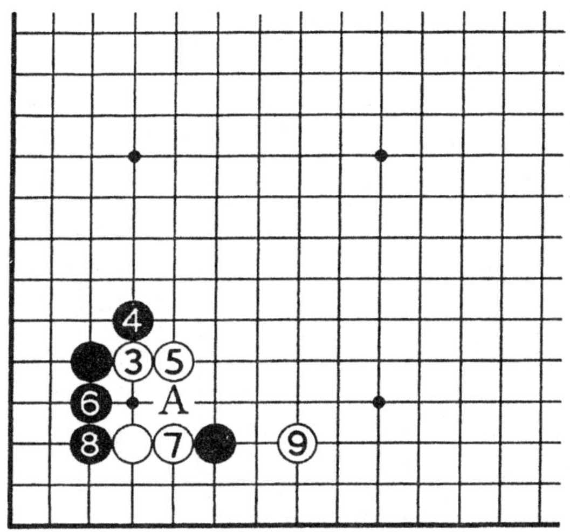

1도

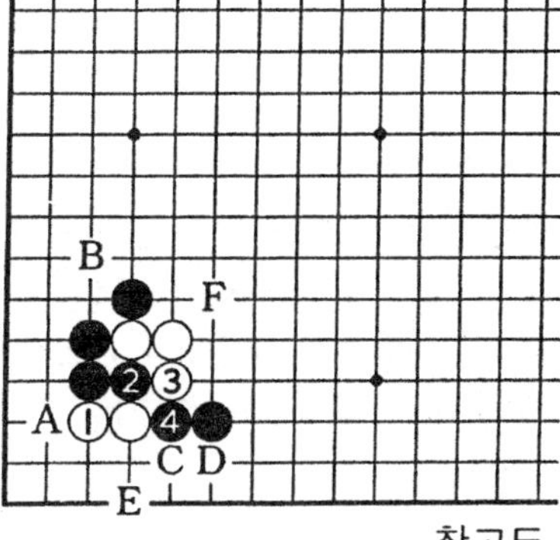

참고도

◇ 내끊기에 주의

붙여뻗기를 놓을 때에 특히 주의해야 할 점은 내끊기의 유무이다.

1도 흑6의 뻗기에 대해——

참고도(요석을 잡힌다)

깜박 백1로 누르면 흑2·4로 내끊겨 큰 손해를 본다. 귀의 백은 죽지는 않지만(백A, 흑B, 백C, 흑D, 백E) 흑F로 걸쳐져 중요한 세 점을 잡히고 만다.

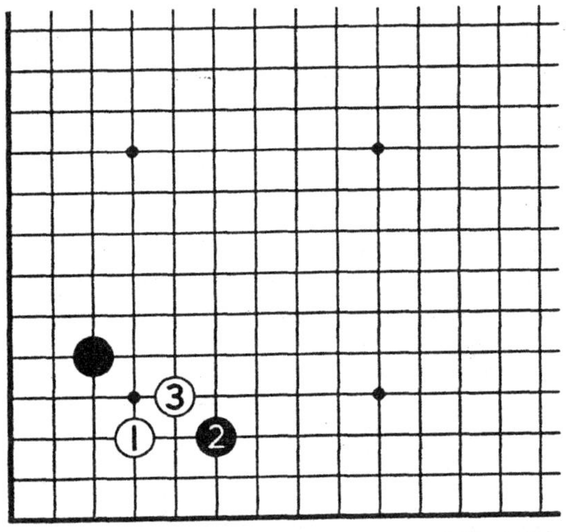

제12형

○제 12 형

백 3 의 마늘모 내기라면 간단한 듯이 보이지만, 실은 이 다음의 놓기가 의외로 성가신 것이다.

게다가 변화도 상당하다. 스페이스 관계도 있으므로 가장 기본이 되는 형을 두 개만 들어 보겠다.

백 3 에 이어서——

1 도 (눌러 올리기)

흑 4 로 눌러 올린다. 백 5 로 뛰는 것이 맥이다.

이에 대해 흑 A 의 날일자로 받아 백 B 로 변에서 메꾸는 어려운 놓기도 있다.

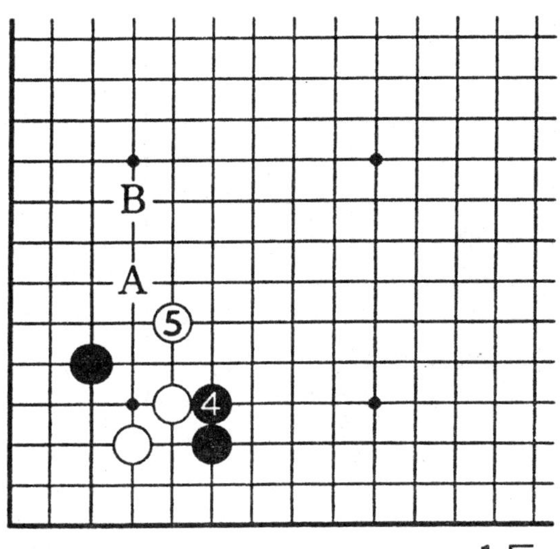

1도

◇ 다른 정석으로 환원된다

1도 혹4의 눌러 올리기가 절대냐 하면 반드시 그렇지도 않다.

참고도(단순히 벌린다)

잠자코 혹1로 벌리고 있는 경우도 있다. 백2

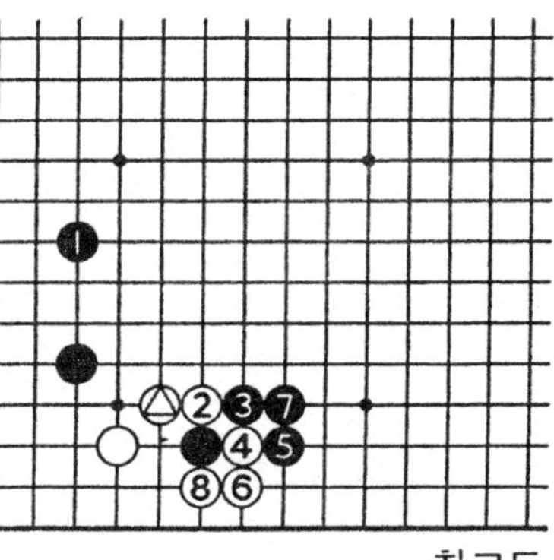

참고도

이하 백8로 일단락이다. 이 형은 수순을 역으로 하여 백△의 마늘모에서 2의 붙이기부터가, 혹3 젖히기, 백△ 당기기, 혹1, 백4로 끊는 정석으로 환원된다.

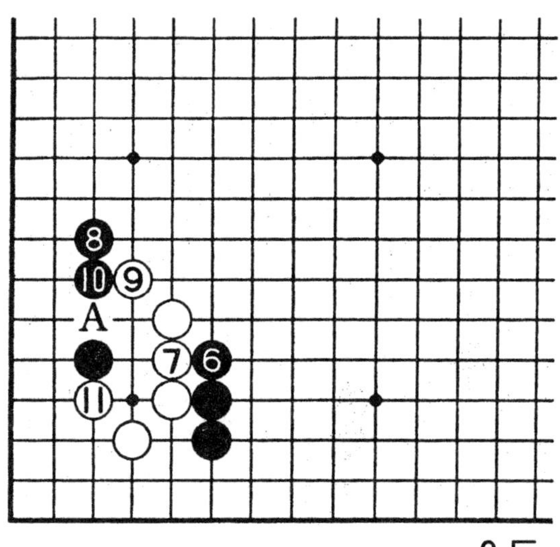

2 도

2 도

흑 6 으로 뻗는 변화를 다루어 보겠다.

백 7 은 이렇게 단단히 잇는 놓기와 백 A로 붙여가는(다음 페이지, 제 13 형 참조) 놓기도 있다.

백 9 는 다소 고급이지만, 11 로 마늘모 붙이기 전에 한 점 살려 두려는 것이다(그 효과는 다음 그림으로 알수 있다). 또 백 9 를 놓지 않고 단순히 백 11 로 마늘모 붙이는 경우도 있을 것이다.

3 도 (귀의 급소)

전도에 이어 곧 흑 12 로 들어가는 것이 흑의 겨냥이었다. 이에 대해 백 13·15 로 정한다. 단 백 13 에 흑 A로 연락하면 백 B로 한 점을 취한다.

4 도 (일단락—— 호각)

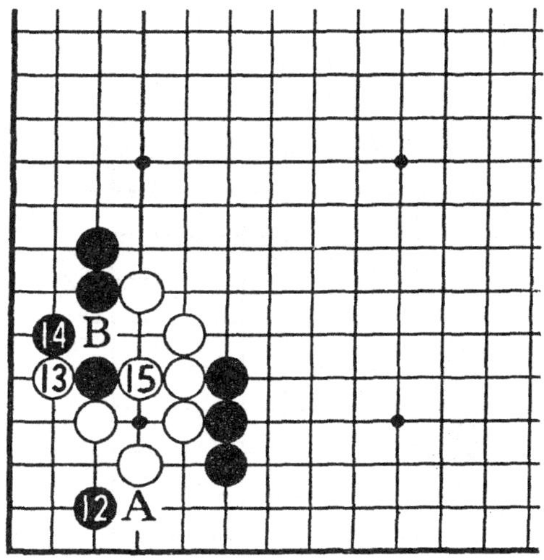

3 도

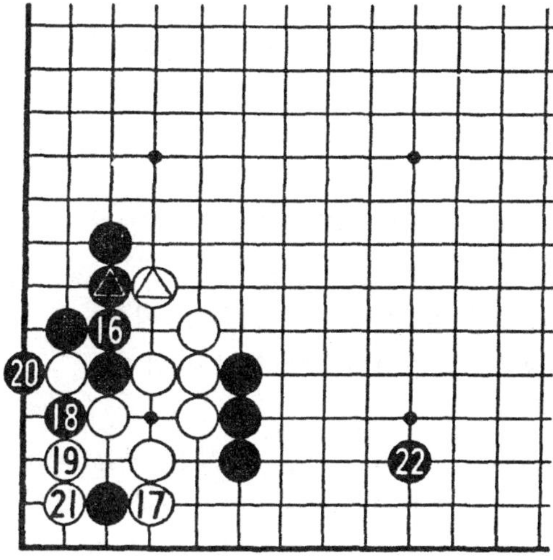

4 도

흑16으로 붙인 때 백17로 차단한다. 혹 18·20 으로 한 점을 취하는 정도일 것이다.

백21이 필요하다.

이 그림을 보면 ◎과 ●과의 교환이 백에게이용되고 있다는 것을 알 수 있다. 이렇게 굳어진 다음 ◎으로 빼어도 혹은 ●에 받아주지 않기 때문이다.

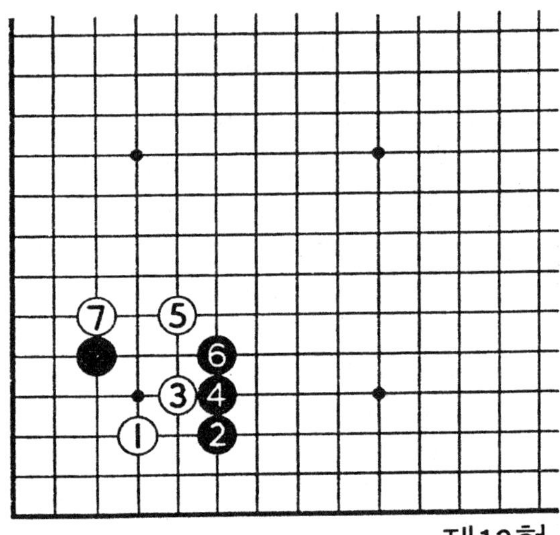

제13형

○제13형

흑6까지는 전형과 같다.

여기에서 백7로 뛰어붙이는 경우도 있다. 어떤 변화인지 조사해 보겠다.

1도(호각 나눔)

흑8로 젖힌다.

백9의 뻗기에 한 점 흑10의 나란히 놓기를 이용한다.

흑에 11로 분단되면 곤란하므로 백11.

그리고 흑12로 내리면 흑13의 건너기 수가 있으므로 백13도 중요. 흑14로 한 점 뻗고, 이하 백19까지로 정하는 것이다.

흑은 좌우 양쪽 모두 놓여져 있기는 하지만 귀는 백 A의 뛰어넣기도 있고, 백의 15·17·19로 형성된 윗쪽으로의 두꺼운 맛도 작용할 것 같으므로, 이것도 적당한 갈림으로 보아야 할 것이다.

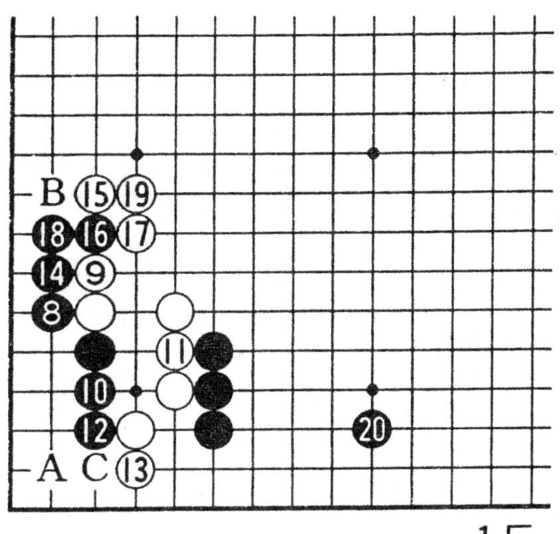

1 도

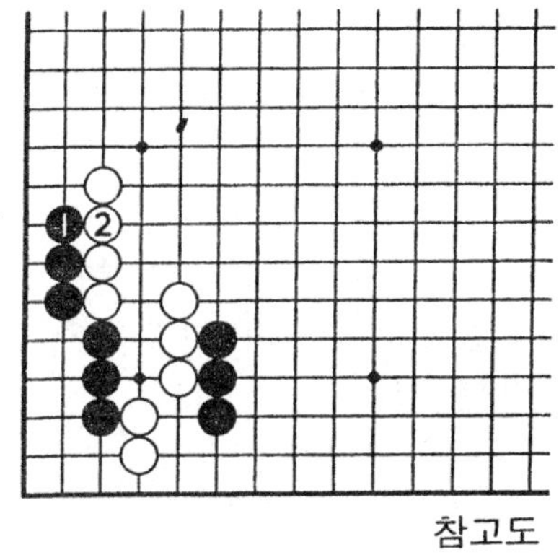

참고도

☒ **갈라넣기의 의의**

1 도 백 15 의 뛰기는 맥이지만, 흑16도 중요하다.

참고도 (판)

단순히 흑 1 로 뻗으면 백 2 로 딱 붙여진다. 백은 곧바로 돌이 뻗어 있는데, 이것을 속칭 '판'이라고 부르고 있다. 판과 같이 튼튼한 돌 모양을 상대에게 허락해서는 안된다──라는 것을 명심하여 잊지 않도록.

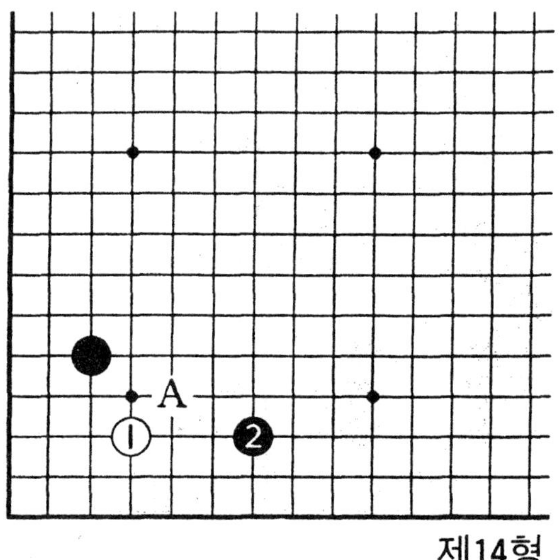

제14형

17. 두 칸 끼우기

○제 14 형

흑2로 두 칸에 끼우는 수도 자주 놓인다.

이것을 흑A 등으로 막히면 바둑이 끝나 버린다.

흑2에 대해 백이 가장 알기 쉬운 것이,

1도(일단락——호각)

백3의 마늘모 내기이다.

한 점 이렇게 중앙에 머리를 내두고, 흑이 4로 날일자에 준비한 때를 노려 백5·7로 귀를 지키는 것이다. 백으로써는 5·7은 놓지 않고 흑을 A로 달리게 하여 근거를 빼앗기면 큰일이다. 그것이야말로 방랑의 여행이 되어 버리는 것이다.

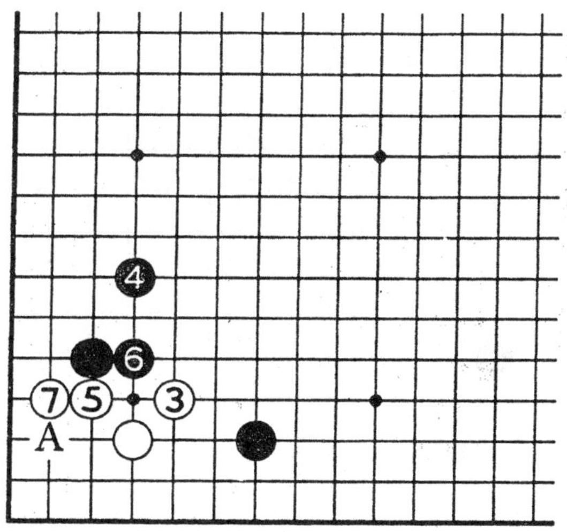

1 도

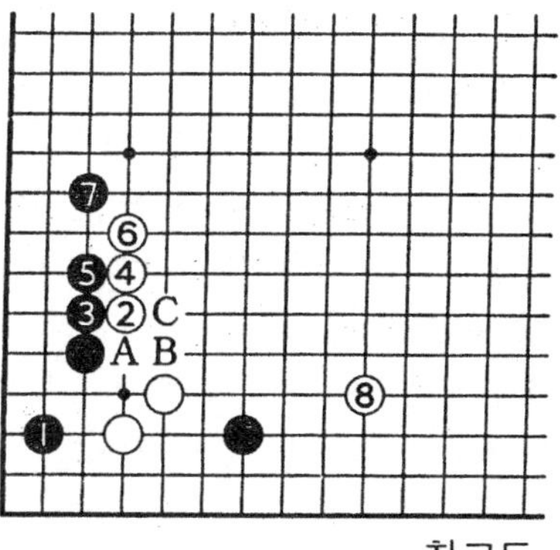

참고도

◇ 저위를 뻗는다

1 도 백 5 · 7 로 귀를 지키는 수가 크다고 하면, 그 앞 흑 4 에서,

참고도 (엄한 걸침)

1 로 달리면 좋은 것이다. 그런데 여기에는 백 2 의 걸치기가 강력하다. 흑 3 에서 7 까지로 압박당하면 좋을 리가 없다.

또 백 2 의 걸치기에 흑 A, 백 B, 흑 C 는 백 4 로 뻗어져 무리이다.

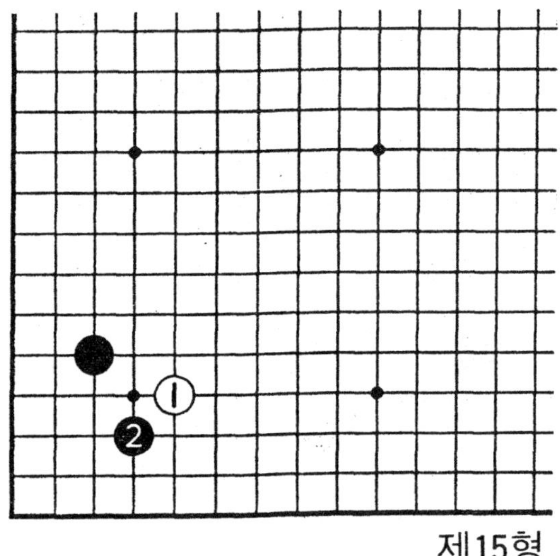

제15형

18. 높이 걸치기——날일자 받기

○제15형

백1로 높이 안는 것은 대부분 백2로 소목에 넣어 흑1로 걸쳐지는 것이 괴로운 경우이다.

백1로 높이 안기만 하면 위에서 씌워질 경우는 없다.

이 흑2에 대해서는——

1도(일단락——호각)

백3으로 누르는 한 수이다.

이에 대해 흑4로 내리는 것도 있을 것이고, 또 흑A로 붙여대는 것도 있다.

백5로 세 칸에 벌리는 것이 정석이다. 단 이 백5에서 B로 위에 뛰는 것도 생각할 수 있다. 백B는 백C의 붙이기의 목표이므로 흑D, 백E의 교환이 될 것이다.

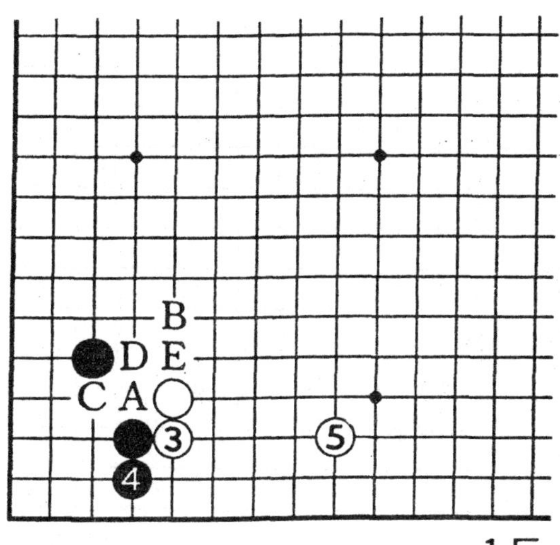

1 도

◇낮다

　1 도 백 5 는 단 빈 곳으로 무척 놓기 어렵다 ——라는 느낌이 든다. 그러나 그렇다고 해서,

참고도(붙여놓기를 둘러싼 공방)

　백 1 로 단을 누르는 것은 흑 2 로 놓여져 손해

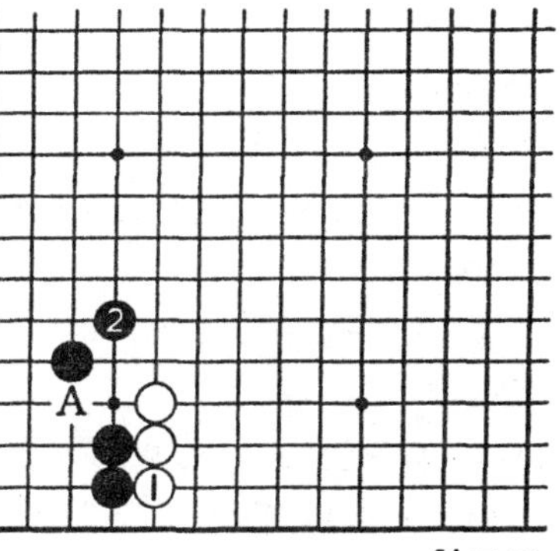

참고도

다. 백 1 로 돌이 낮게 가는 것은 바람직하지 않은 것이다. 백 1 은 백 A 의 붙여넣기를 겨냥하고 있으나, 흑 2 는 그것을 막고 있다.

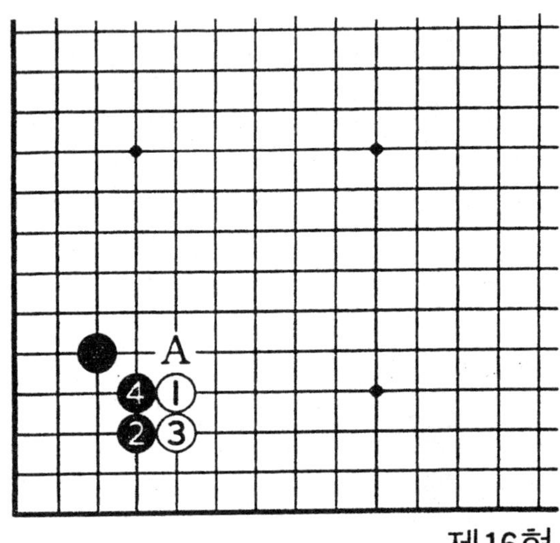

제16형

○ 제 16 형

백 3 의 누르기에 흑 4 로 붙여올리는 변화를 들어 보자.

이것은 아무리 보아도 흑에 A 로 젖혀져서는 곤란하므로, 이어서——

1도(일단락—— 호각)

백 5 로 뻗는다.

흑도 6 으로 놓고 있다. 물론 이 6 은 이것을 손 빼기를 하면 백 A 의 붙이기가 강력해진다. 그것을 막고 있는 것이다.

백 7 로 세 칸에 벌려 일단락이다.

또 이 벌리기에 대해서는 **참고도**에서 설명을 덧붙이겠다.

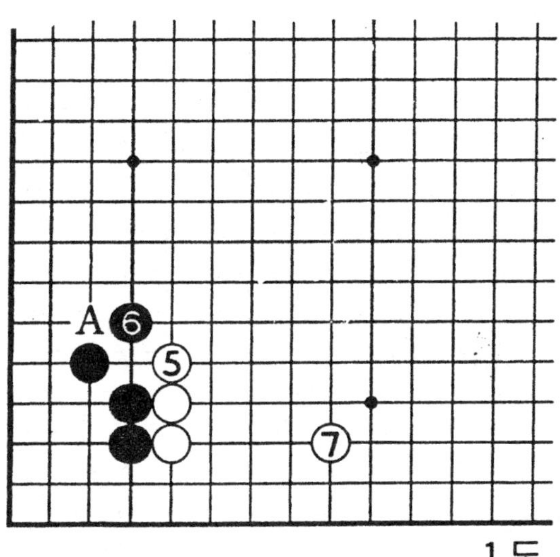

1도

◈ 원칙과 실전

'2 립 3 석'이라는 벌리기의 원리가 있다. 그에 따르면 1도 백7에서는——

참고도(3 립 3 석)

'3 립 4 석'이므로 백 1 까지 벌릴 수 있다는 것이지만, 역시 놓기에

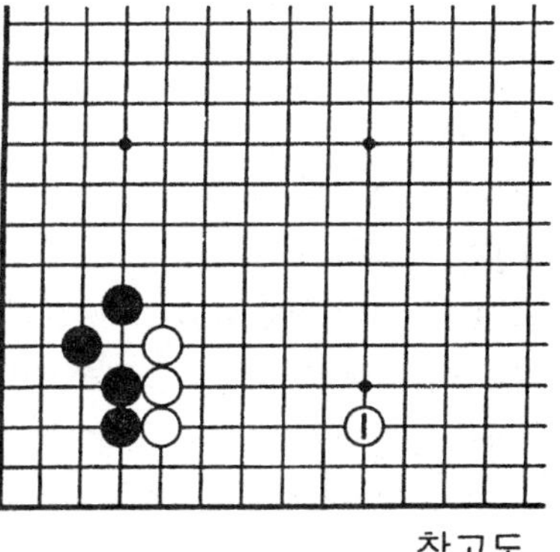

참고도

불안이 있어 1도와 같이 3립에서도 세 칸으로밖에 벌리지 않고 있다.

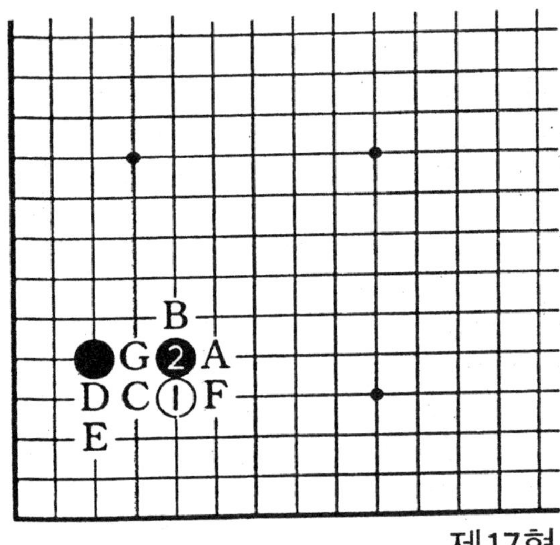

제17형

19. 위 붙이기

○제17형

흑2의 높이 붙이기 수법도 있다. 이 뒤 백A로 젖히고, 흑B, 백C, 흑D, 백E 때 흑F로 끊어가는 변화와 백G로 젖혀넣는 변화가 있다.

그리고 여기에서는——

1도(축 관계)

백3의 젖히기에 흑4로 엇갈려 끊는 변화를 다루어 보았다. 이 흑4로 엇갈려 끊는 것은 흑의 축 관계가 좋은 경우에 한정된다.

즉 백5에 대해 흑6·8로 놓고 흑A로 안는 축이 좋지 않으면 흑은 곤란하다. 즉 흑6·8로 놓아도 백은 두 점이 무섭지 않으므로 백B로라도 달리면 편하다.

백은 축이 나쁘면 방치할 수 없어——

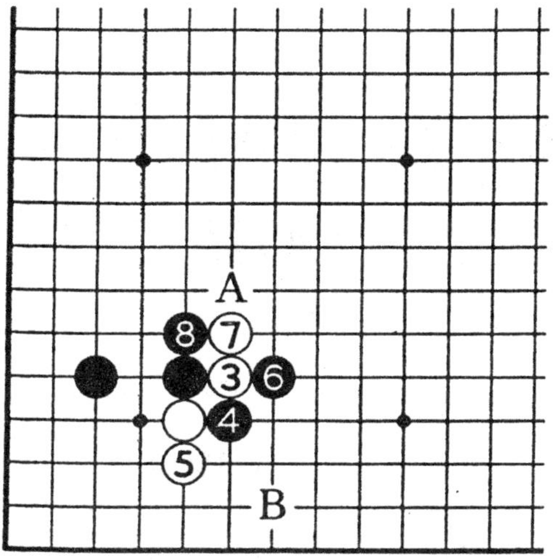

1 도

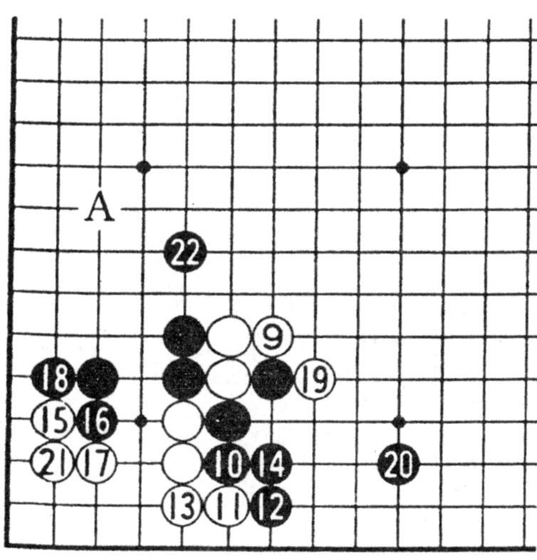

2 도

2 도 (일단락 — 호각)

백 9 로 구부리고 흑 10 이하의 수순을 밟게 된다.

흑 18 의 누르기 때 백 19 의 단수를 이용해 두는 것도 바른 수순이다.

이하 흑 22 까지로 이 정석은 일단락인데, 백의 넉 점이 떠 있으므로 흑도 싸울 수 있을 것이다.

외목의 정석
(제 18 형 ～ 제 40 형)

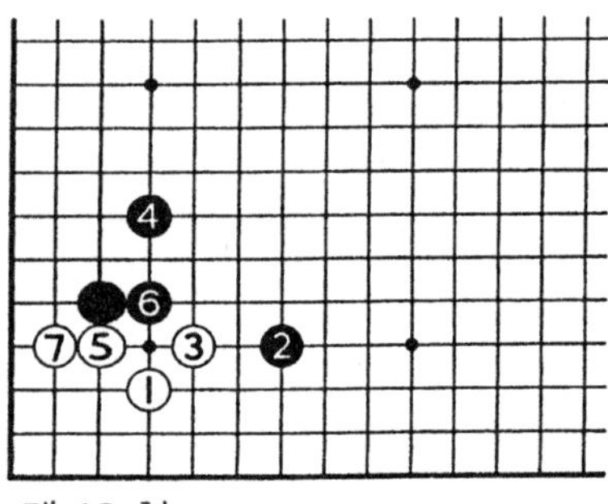

제 18 형

○제 18 형 호각

혹 2 로 높이 끼우는 수법은 坂田 9 단이 놓기 시작한 것이다. 백 7 까지 호각.

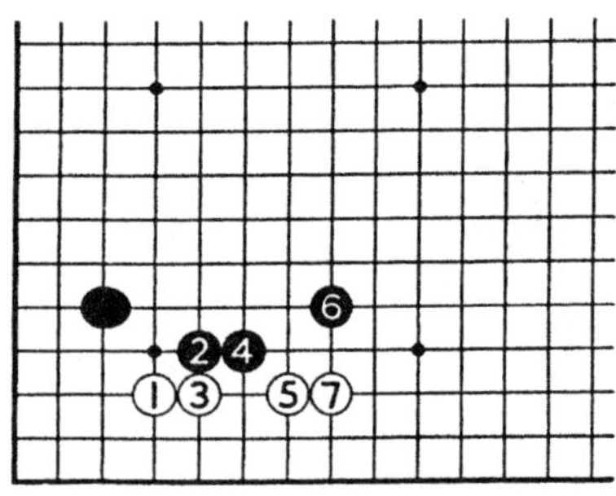

제 19 형

○제 19 형 호각

혹 6 으로 날일자에 걸치는 것도 있다. 백 7 의 나란히 놓기는 받는 형이다.

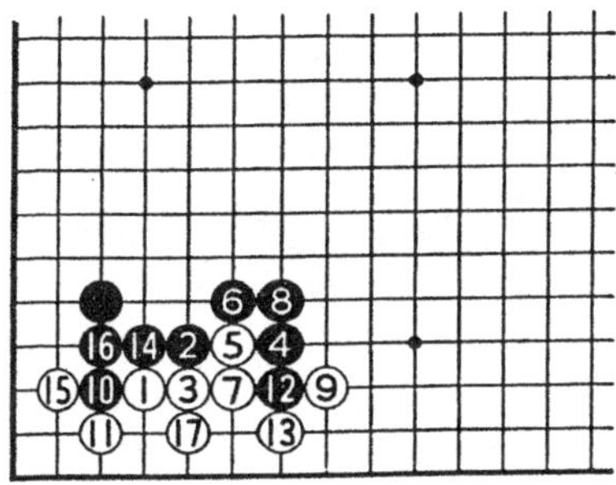

제 20 형

○제 20형 상법

　백 9에서 백 16의 마늘모 붙이기부터 가면 보통. 단 백 17까지로 놓는 경우도 있다.

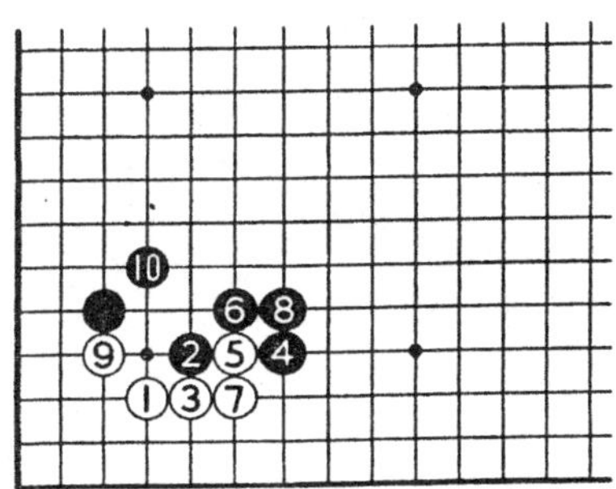

제 21 형

○제 21형 흑도 놓을 수 있다

　흑 8로 가볍게 준비.
　백 9의 마늘모 붙이기에 흑 10으로 수 가볍게 준비하는 것도 정석이다.

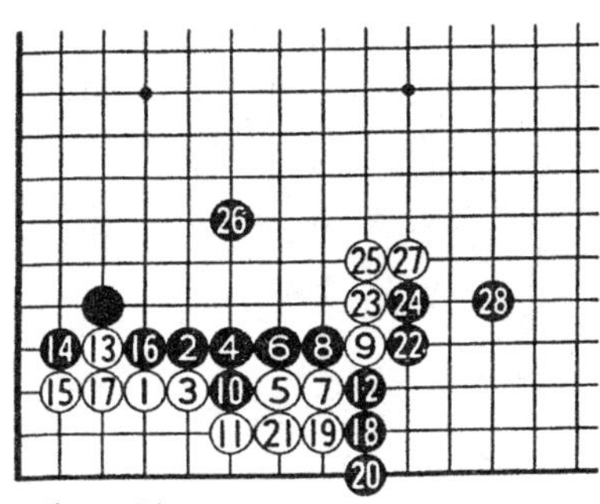

제 22 형

○제 22형 호각

　흑 12로 끊어 싸움. 백 13으로 수 단단히 귀를 지키면 쌍방 무난한 갈림이 된다.

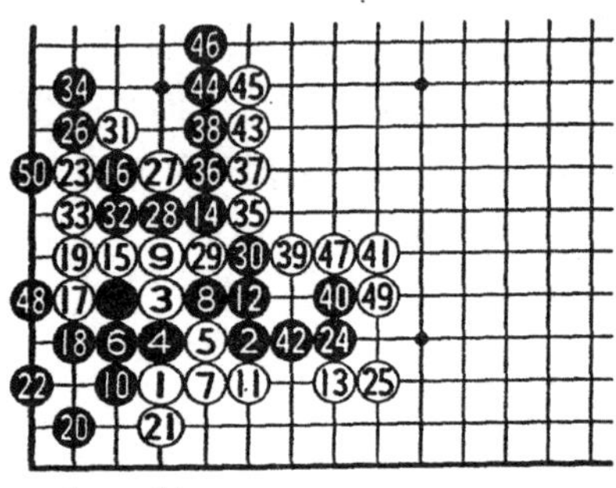

제 23 형

○제23형 호각

수수가 길기 때문에 어렵지만, 백은 큰 돌을 버림돌로 하여 외세를 구축한다.

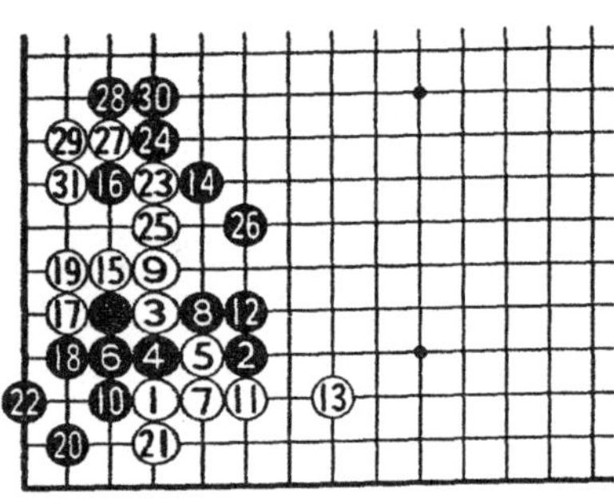

제 24 형

○제24형 정형

이것은 자주 나오는 형. 도중 백23의 갈라넣기가 맥으로 백은 막을 수 있다.

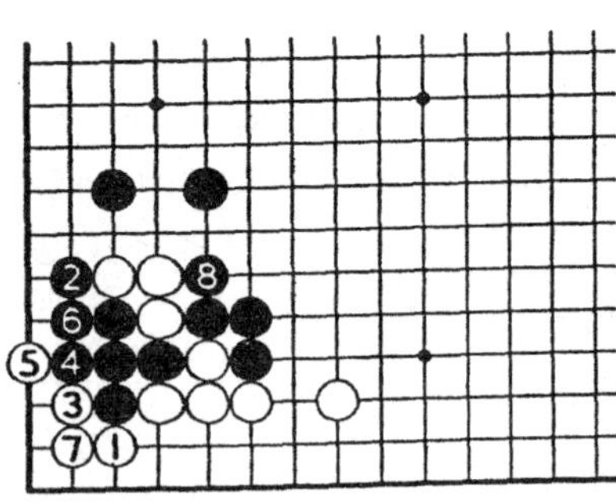

제 25 형

○제25형 호각

전형 백17의 변화. 흑은 외세가, 백은 실리도 있고 선수이므로 할 수 있을 것이다.

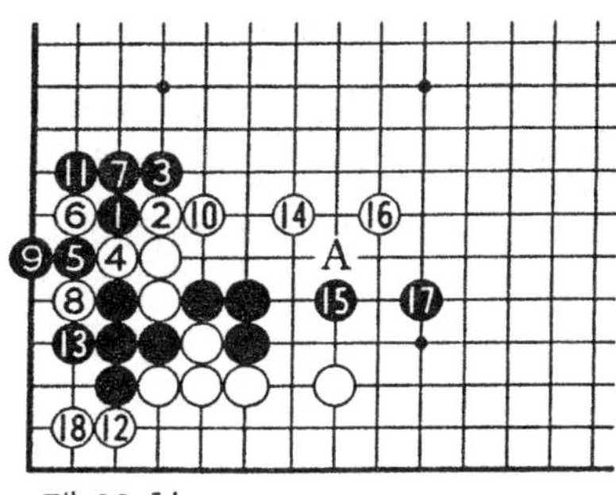

제 26 형

○제 26 형 백　재미있다

제 6 형 흑14에서 이1로 변화한 정석이다. 흑15에서 18이라면 백A로 취한다.

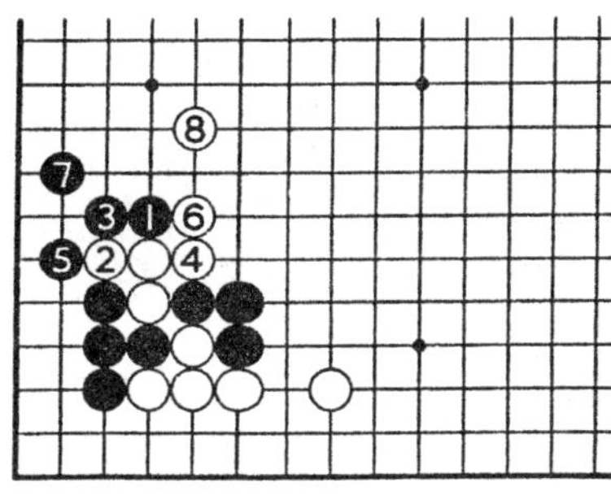

제 27 형

○제 27 형 백 싸운다

흑1로 붙여가는 수도 있다. 백2 이하 8까지 충분히 싸울 수 있을 것이다.

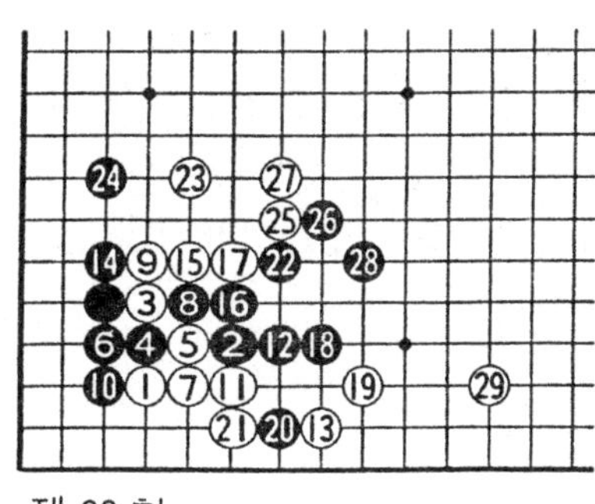

제 28 형

○제 28 형 호각

흑14로 젖히면 백15 이하가 거의 한길이다. 앞으로의 싸움이다.

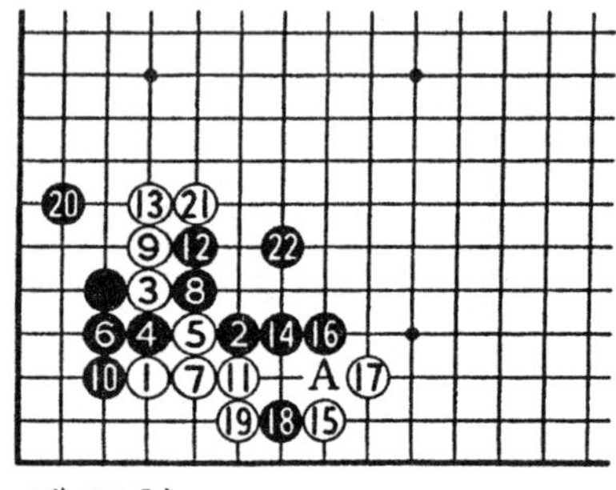

제 29 형

○제 29형 호각

백 15에는 축 관계로 백 A로 마늘모 붙이는 수도 있어 어려운 정석.

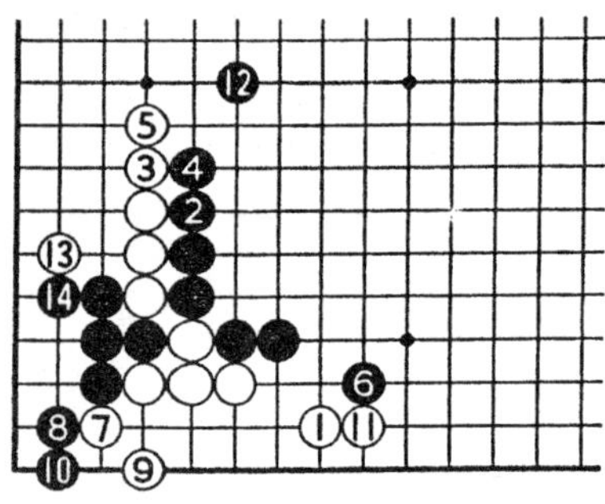

제 30 형

○제 30형 호각

전형 백 15를 이 백 1로 바꾸어 보았다. 흑 14의 뒤 백은 5의 세 길 위에 전개.

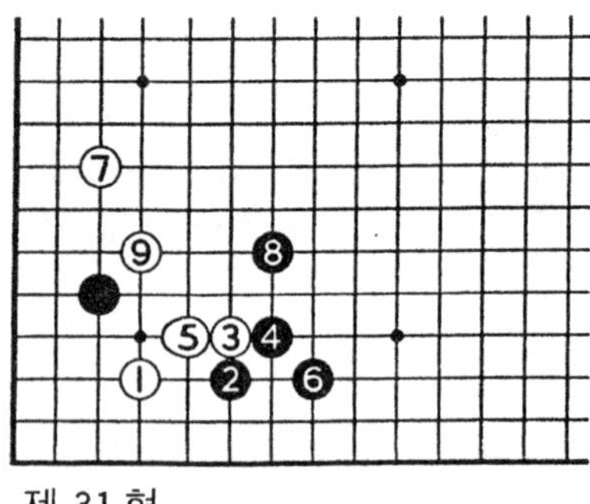

제 31 형

○ 제 31형 정형

백 7로 메꾸는 것이 유력. 흑 8의 뛰기에는 백 9의 걸치기가 딱 좋다.

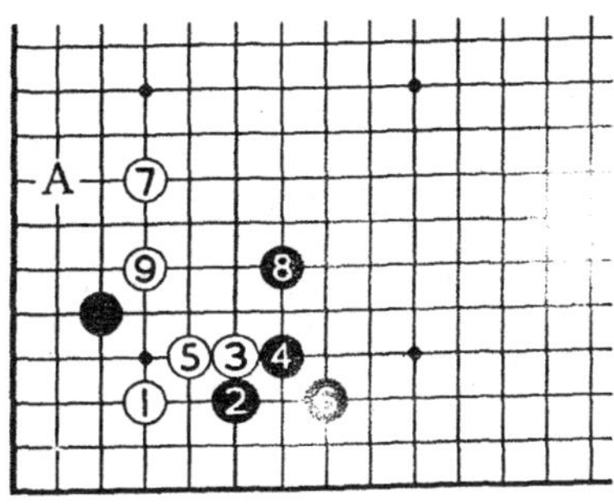

제 32 형

○제32형 호각

백7로 높이 놓는 경우도 있다. A의 빈 곳이 다소 마음에 걸린다.

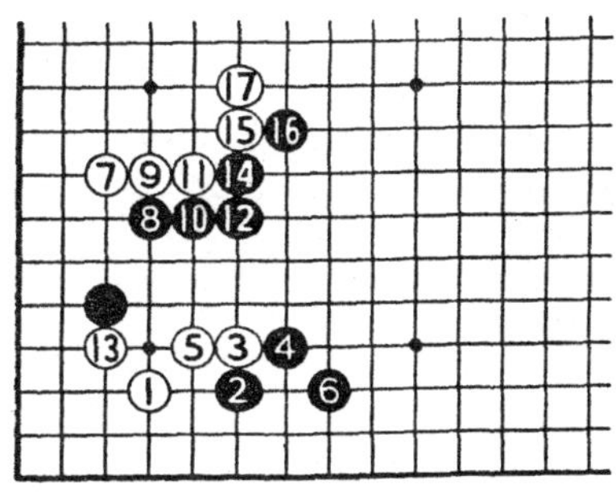

제 33 형

○제33형 백도 놓을 수 있다

흑6으로 걸쳐 잇고, 8로 어깨를 붙여 내어 간 그림. 백도 나쁘지 않다.

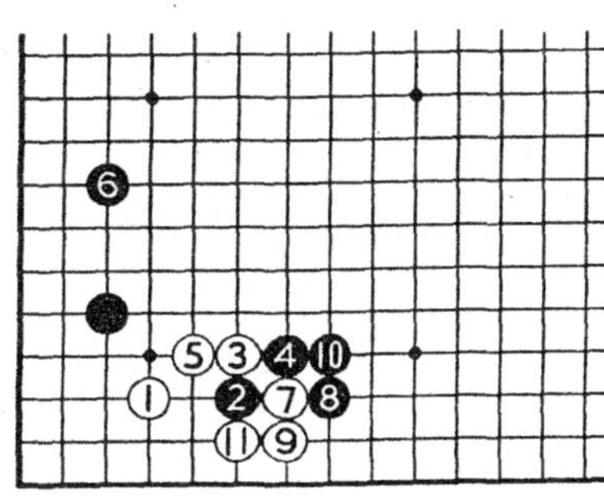

제 34 형

○제34형 정형

흑6으로 벌려 백7로 끊게 하는 놓기도 많이 쓰인다. 백11까지 호각.

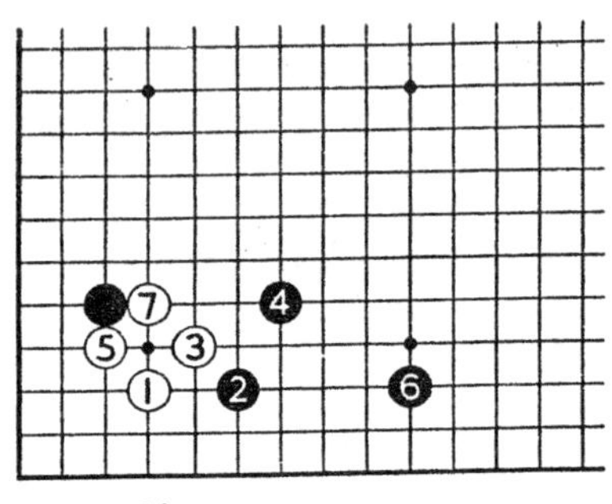

제 35 형

○제35형 백 할수있다

백은 7까지 귀에 편중되어 있었으나, 상당히 두꺼우므로 할 수 있을 것 같다.

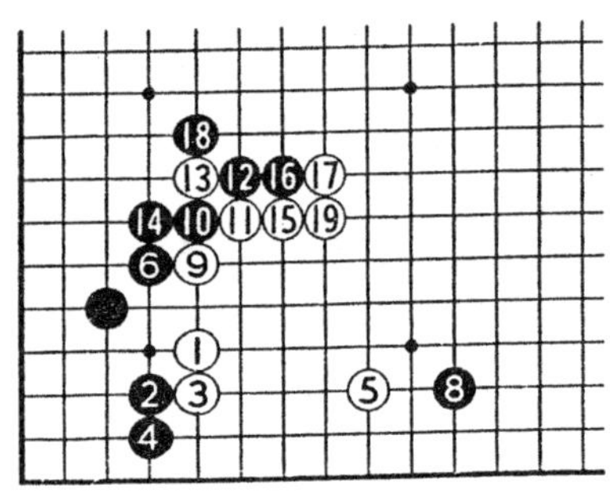

제 36 형

○제36형 호각

흑6으로 놓은때에 백이 손 빼기를 하여 변화. 백 나쁘지 않다.

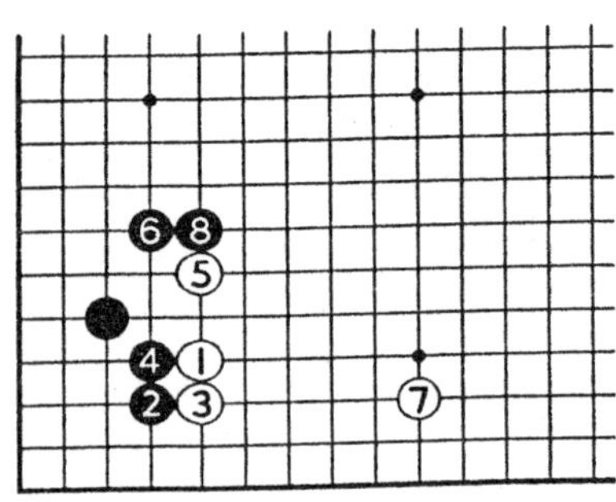

제 37 형

○제37형 호각

흑8이라면 견실하지만, 이것을 생략해도 백부터의 강력한 수는 없다.

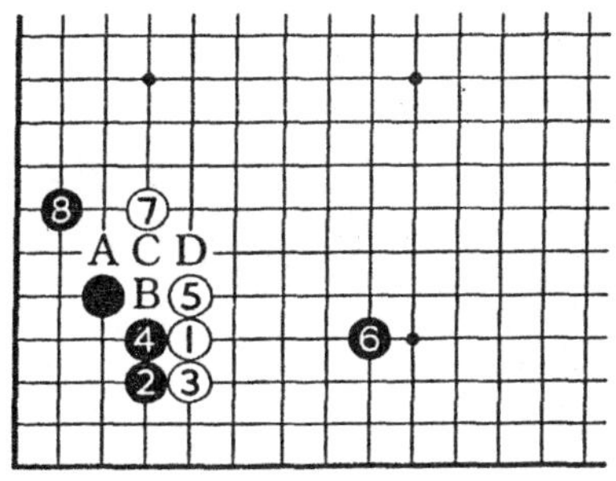

제 38 형

○제 38형 정형

백 7 에서 A로 붙이면 흑B, 백C, 흑D의 강력한 반격이 있다.

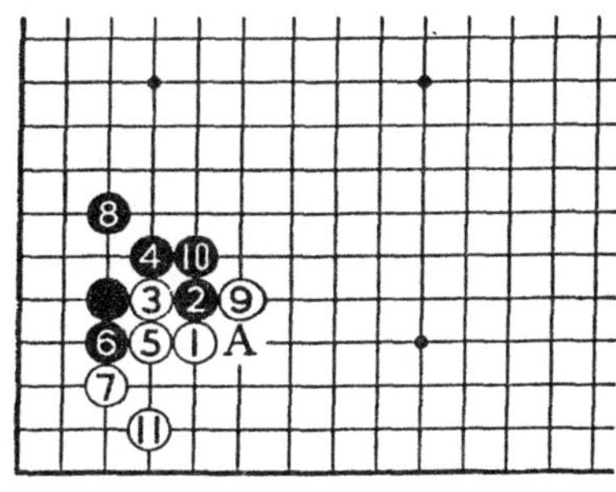

제 39 형

○제 39형 호각

백 11 까지로 일단락. 백 11 이 귀를 지키고 A의 단점을 막는 작용을 하는 수이다.

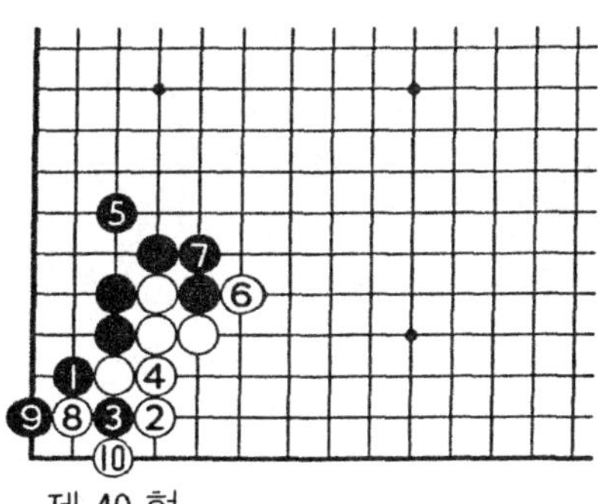

제 40 형

○제 40형 호각

전형 흑 8 의 잇기에서 흑 1 로 젖혀가는 경우도 있다. 백 10 까지 두껍게 놓는 방법.

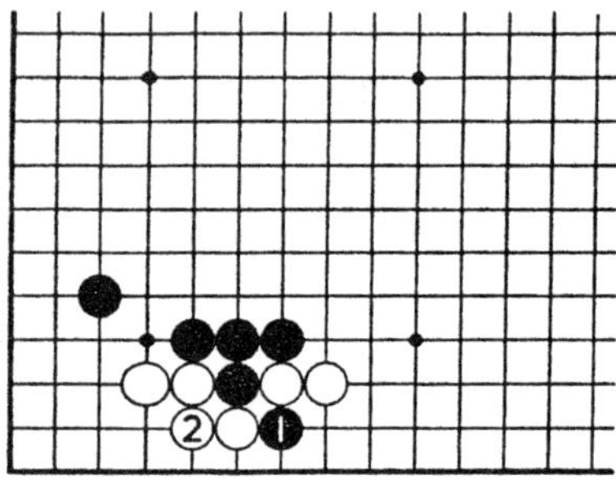

제 1 문 흑선

○연습문제

제 1 문 흑선

흑 1 로 끊은 때, 백 2 로 이었다. 흑의 수단은?

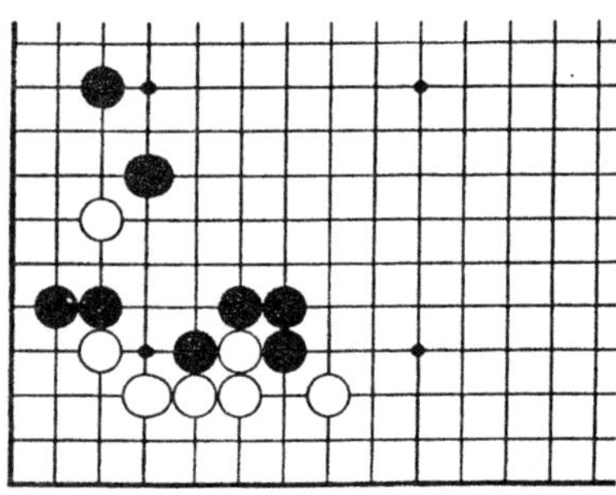

제 2 문 백선

제 2 문 백선

흑에는 큰 결함이 있다. 곧 수가 되게 하라.

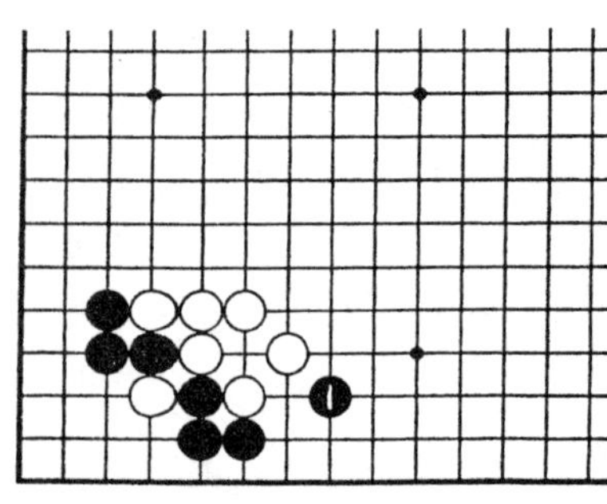

제 3 문 백선

제 3 문 백선

흑 1 은 다소 지나친 놓기. 백부터는 어떻게 놓으면 좋을까?

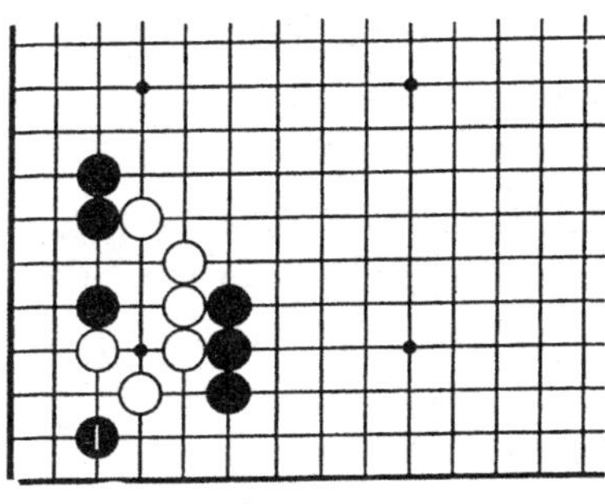

제4문 백선
　흑1로 놓았다.　백은 이것을 어떻게 대치할까

제 4 문　백선

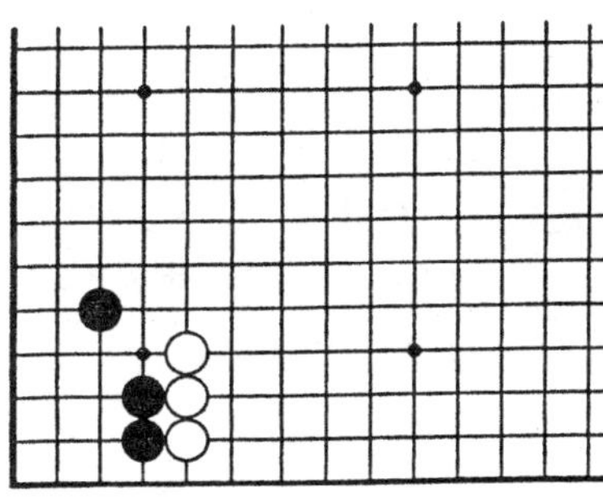

제5문 백선
　귀의　흑은　형으로써는 불완전하다.　백은 이것을 어떻게 공격할 것인가?

제 5 문　백선

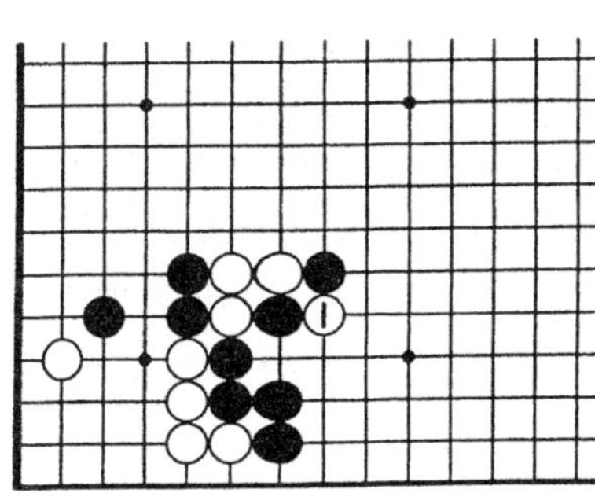

제6문 흑선
　백은 경솔하게도 1로 끊어갔다. 흑은 이에 대해 어떻게 놓을까?

제 6 문　흑선

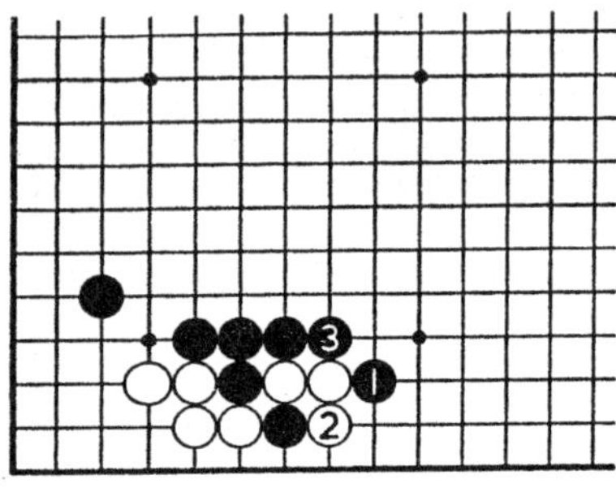

제 1 문

◇연습문제 해답

〔제1문〕

흑1이 '천구의 코 잇기'라고 불리우는 맥. 백2라면 흑3이고, 백2에서 3이라면 흑2로 연락한다.

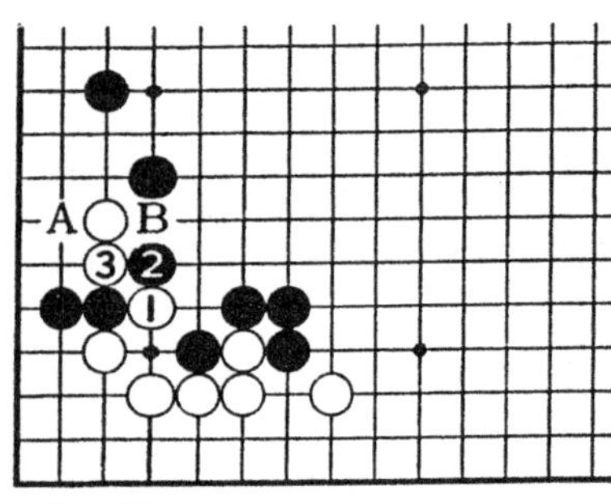

제 2 문

〔제2문〕

백1로 젖혀 3으로 끊으면 간단하게 흑 두 점이 잡힌다. 또 흑2에서 3으로 늦추면 백2, 흑A, 백B이다.

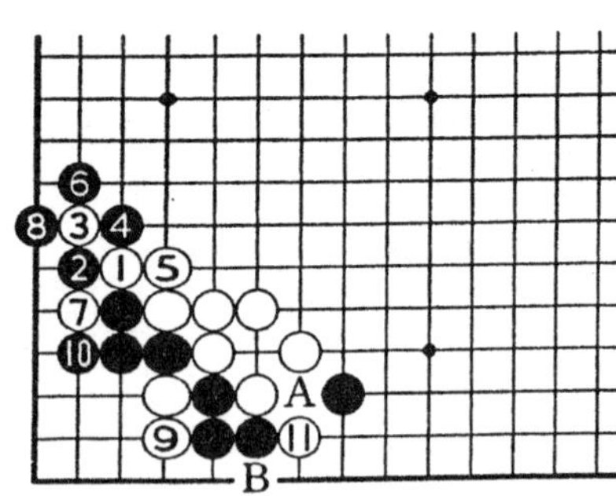

제 3 문

〔제3문〕

백1·3의 2단 젖히기부터 가는 수단이 있다. 백9에 흑10으로 준비하면 백11, 흑A, 백B로 패이다.

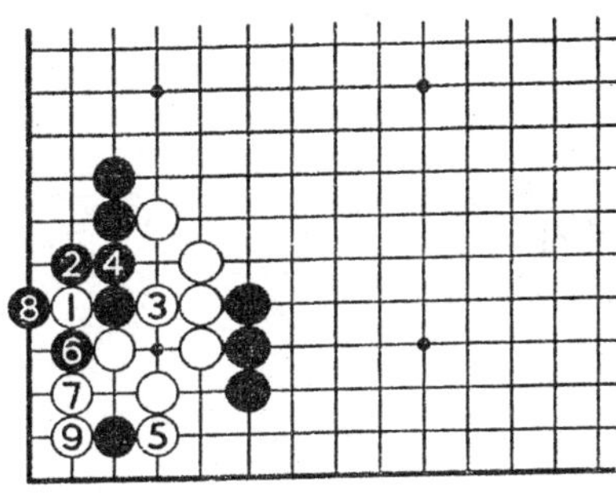

제 4 문

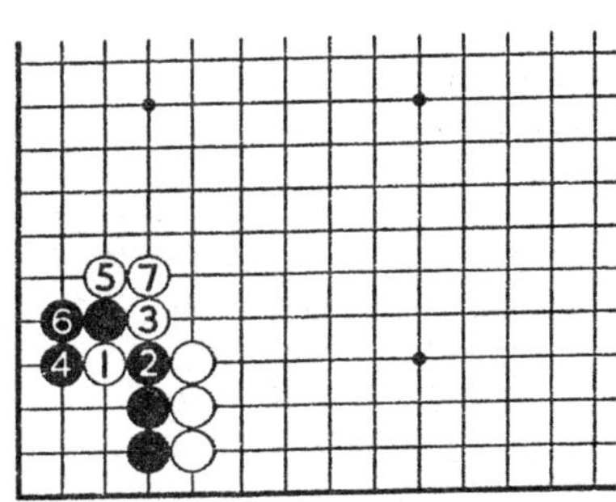

제 5 문

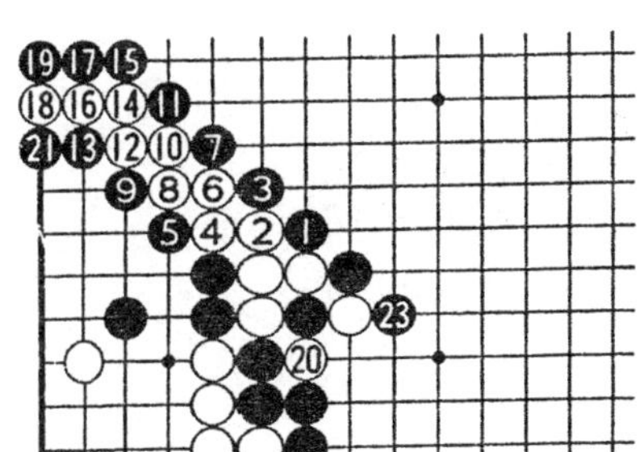

제 6 문

〔제 4 문〕
　백 1 · 3 을 이용하여 5 로 차단한다. 이하 백 9 까지. 도중 흑 2 에서 5 라면 백 4 로 충분하다.

〔제 5 문〕
　백 1 의 붙여놓기에서 3 으로 끊어간다. 흑 4 는 어쩔 수 없다. 이하 백 7 까지로 외세를 뻗는다.

〔제 6 문〕
　흑 1 에서 축의 형으로 가져간다. 백 20 에 흑 21 그리고 23 으로 완전히 축.

판 권
본사
소 유

48. 알기쉬운 정석 응용법

2016년 5월 15일 인쇄
2016년 5월 30일 펴냄

옮긴이/ 프로바둑연구회
펴낸이/ 최   상   일
펴낸곳/ 태 을 출 판 사
서울특별시 중구 동화동52-107 (동아빌딩내)
등록/1973년 1월 10일(제4-10호)

＊잘못된 책은 구입하신 곳에서 교환해 드립니다.

■주문 및 연락처

우편번호 100-456
서울특별시 중구 동화동 52-107 (동아빌딩 내)
전화 / 2237-5577 팩스 / 2233-6166
ISBN 89-493-0364-7
13690

"당신의 바둑실력이 두 배로 는다 !!"

최신판!! 프로바둑강좌시리즈

'머리의 바둑'은 '공격을 겸한 방어'이자, '방어를 위한 공격'이다!!

프로바둑강좌 / 완전초급

1 **초보자를 위한 바둑의 ABC**
7단 影山利郎 지음

2 **초보자를 위한 바둑 첫걸음**
9단 藤沢秀行 지음

3 **초보자를 위한 기본기 레슨**
7단 影山利郎 지음

4 **초보자를 위한 알기쉬운 정석**
9단 高川秀格 지음

5 **혼자서 배우는 포석의 기초**
碁聖 大竹英雄 지음

6 **초보자를 위한 실전 포석 입문**
碁聖 大竹英雄 지음

7 **초반부터 리드하는 법**
碁聖 大竹英雄 지음

8 **초보자를 위한 침입의 기술**
9단 加藤正夫 지음

9 **초보자를 위한 중반전의 기술**
9단 林海峯 지음

10 **초보자를 위한 맞바둑의 기술**
9단 大竹英雄 지음

프로바둑강좌 / 어린이바둑

1 **바둑은 이렇게 둔다**
프로바둑연구회 편

2 **돌은 이렇게 잡는다**
프로바둑연구회 편

3 **땅은 이렇게 만든다**
프로바둑연구회 편

4 **포석과 정석**
프로바둑연구회 편

5 **기본적인 맥**
프로바둑연구회 편